W0377382

ROMY

Catherine HERMARY-VIEILLE

ROMY

FRANCE LOISIRS
123, boulevard de Grenelle, Paris

Édition du Club France Loisirs, Paris
avec l'autorisation des éditions Orban

© Olivier Orban 1986
ISBN : 2-7242-3333-6

A Jean Maxime et Yasmine

« Pour voir clair dans un miroir qui est continuellement brouillé par notre respiration, il faut donc avoir cessé de vivre. »

Jean-Edern HALLIER.

1

11, rue Barbet-de-Jouy à Paris,
le samedi 29 mai 1982 avant l'aube.

Le silence, presque la paix, trêve entre deux lumières, deux bruits. Dans l'appartement de la rue Barbet-de-Jouy où dorment Laurent Pétin, Sarah et sa nurse Bernadette, une femme veille, voyageuse absente de la nuit, absente de la vie. Goutte à goutte, le temps la pénètre, la ronge, la dévore. Elle écrit. Le lieu importe peu, c'est un lieu de passage, un lieu d'emprunt. L'important, l'essentiel, est dans sa mémoire où vont et viennent des images, des voix, des larmes et de grands éclats de rire, vivants encore comme un cœur qui tressaillerait.

Les mots se suivent, derniers refuges contre la peur et la violence d'une révolte, se cognant contre l'absence. Ce n'est pas facile de revenir sur les pas du temps, de l'arrêter. Où ? Quand ? Quelque chose comme la lassitude pèse de tout son poids. Le silence lui-même est mort, la nuit est morte, l'horizon, inimaginable désormais, n'a plus de goût, plus d'odeur. Les doigts de la femme se serrent sur le stylo. Le moment n'est plus rien qu'une larme.

A quoi, à qui pourrait songer Rose Marie Albach-Retty dans cette nuit du 28 au 29 mai ? Sa mémoire habite un visage, il ne bouge plus, ses yeux sont immobiles, l'enfant s'est tu, elle l'écoute, le faisant renaître, repousser comme une fleur. La vie est-elle autre chose que l'amour ? La vérité est menteuse, à moins que tout soit beau soudain, parce que tout va disparaître dans un instant.

II

QUAND REFLEURIRONT LES LILAS BLANCS

Juillet 1953. L'été à Schönau était lourd, avec de gros nuages qui se heurtaient aux montagnes, éclataient en violents orages pour faire monter de la terre un parfum obsédant.

De la fenêtre de sa chambre à Mariengründ, elle regardait tomber la pluie. La violence du vent la grisait, elle avait quatorze ans. Quelque chose en elle, une sensation de bonheur diffuse, mal définie encore, lui faisait pressentir que les jours à venir allaient lui apporter enfin ce qu'elle espérait vraiment de son existence : tout. Elle sortait de pension, trois années de travail, d'une certaine solitude, de rires, de rêves, de repli sur elle-même, réserve future d'émotions, de forces qui surgiraient avec d'autant plus d'ardeur qu'elles avaient été contenues.

Sa mère, nouvellement remariée à Hans Herbert Blatzheim, était à Munich, appelée par le producteur Kurt Ulrich pour tourner *Lilas blancs*. C'était une grande joie pour Magda de retrouver les studios après huit ans d'absence. Radieuse, elle avait fait ses valises, les laissant, Wolfi et elle, à Mariengründ avec la promesse de les faire venir quelques jours auprès d'elle un peu plus tard. Le train l'avait emportée avec cette excitation à la fois merveilleuse et angoissante que peuvent ressentir les comédiens avant un tournage. Le visage de sa mère, son comportement la fascinaient. C'était cela la vie. Ce mélange de bonheur et de peur, elle voulait le connaître aussi.

Les étés étaient paisibles à Mariengründ, elle nageait, elle lisait, elle se promenait, elle parlait avec son frère. A la fin de l'été, elle gagnerait Cologne pour suivre des cours de styliste. Elle aimait dessiner, elle aimait la mode, c'était une perspective intéressante, mais pas grisante. Il faisait chaud en ce mois de juillet. Elle sentait en elle des forces vives, sensuelles, un peu troublantes. Le temps passait...

Le téléphone avait sonné, elle avait accouru. C'était Magda qui appelait de Munich. « Oui, tout allait bien, oui le tournage commencerait bientôt, mais il manquait encore une comédienne, une jeune fille pouvant jouer le rôle d'Evchen, sa fille. » C'était d'autant plus urgent que Hans Deppe — le réalisateur — s'étant fracturé la jambe, il ne pouvait s'en occuper personnellement. La voix de Magda était joyeuse, presque taquine. « C'est un joli petit rôle, avait ajouté Magda, une chance pour une débutante. » L'émotion l'avait envahie. Elle ne voulait pas y croire, pas encore, ce serait trop cruel d'être déçue.

— Eh bien, Romy, qu'en penses-tu ?

Elle n'avait pas répondu. Son cœur lui faisait mal, il semblait vouloir jaillir hors de sa poitrine pour être heureux sans elle.

— Voudrais-tu venir me rejoindre pour faire un essai ?

Le bonheur ressenti alors, elle ne pourrait l'oublier. Il était trop fort, trop intense, trop absolu pour rire ou même pour parler. A ce moment précis, elle avait compris que, jamais, elle n'avait désiré autre chose que devenir comédienne comme sa grand-mère, comme ses parents. C'était une évidence, une nécessité. Le rôle d'Evchen serait pour elle.

Elle avait pris le train afin de rejoindre Magda à Munich. Wolfi l'avait accompagnée à la gare. « Bonne chance, Romy. » Il avait passé la main dans ses cheveux courts et frisés. La chance oui, serait avec elle, elle en avait la certitude, elle le voulait.

Arrivée à Munich, elle s'était rendue à l'hôpital avec sa mère afin de rencontrer Hans Deppe. Elle lui avait plu tout de suite, il acceptait qu'elle parte pour Berlin afin de tourner un bout d'essai.

L'avion, la peur, l'excitation, elle connaissait tout cela pour la première fois. Bien sûr, à Goldenstein, sa pension, elle avait joué la comédie dans des représentations théâtrales où elle avait éprouvé pour la première fois l'immensité du territoire de l'âme, l'avance lente et difficile à l'intérieur de soi-même afin de découvrir l'autre. Elle avait supporté la discipline, l'ennui, la difficulté des études, pour ces moments-là, beaucoup trop rares. Maintenant, elle voulait les vivre vraiment, sans restrictions, pour toujours.

A Berlin, elle avait fait un bout d'essai, décevant par son extrême rapidité : elle n'avait qu'à entrer dans une pièce, suspendre son manteau, et s'adresser à Hans Deppe afin de lui demander ce qu'il pensait de son jeu. En tout, quelques minutes suivies de quatre jours d'une attente anxieuse auprès du téléphone. L'angoisse tant désirée la rongeait, elle n'avait plus faim, elle ne dormait plus, elle était possédée entièrement par cette volonté acharnée d'infléchir les choses, de gagner, qui avait toujours, ensuite, animé sa vie. Enfin, le quatrième jour, un télégramme était arrivé, elle était retenue... Le soleil lui venait en plein visage, c'était une impression brutale de liberté, de totale harmonie avec elle-même, impression rapide laissant la place à une nouvelle angoisse : serait-elle capable d'être Evchen, pouvait-elle le faire ?

Lors du tournage, elle avait été entourée, choyée, apaisée. On la considérait avec tendresse, on l'admirait. Le regard des autres faisait d'elle un personnage, elle était considérée par eux, donc elle existait. Des mots étaient prononcés : « tellement douée, si charmante ». La caméra tout de suite avait adoré son visage, son regard, son petit nez charnu, sa bouche et son sourire. Elle n'avait pas à se concentrer ni à faire d'efforts sur le plateau, elle se sentait si parfaitement elle-même devant l'objectif qu'elle oubliait son existence. Elle était faite pour cela, pour vivre ces moments si forts. Personne ne l'avait mise en garde, personne ne lui avait conseillé de se préserver. Tous, bien au contraire, la poussaient, la stimulaient, pressentant qu'elle irait haut et loin, mais se servant d'elle sans se donner eux-mêmes. Toujours, elle se trouverait ainsi en première ligne, sensation grisante car le danger devient nécessaire pour se sentir encore vivant.

Romy se souvient. Comme elle était candide alors, et mièvre avec ses cheveux bouclés, ses tenues sages de petite fille modèle ! Combien elle était fière d'elle-même ! *Lilas blancs* semble si lointain, avec son histoire ingénue de couturière amoureuse d'un artiste pauvre, séparée de lui, chantant *Quand refleuriront les lilas blancs*. Pourrait-elle encore le fredonner ? Peut-être, mais chaque note serait une souffrance, quelques larmes de plus sur le fini et l'achevé, douleur pour elle qui a toujours haï le définitif.

Le public avait magnifiquement accueilli ce petit film rose. A l'époque, les violences encore récentes de la guerre suscitaient un besoin de paix, de tendresse, d'évasion dans le sucré et le sentimental. Magda s'accommodait fort bien de cette demande du public, aucun état d'âme de comédienne ne la traversant. Elle ne lui avait pas fait entrer dans l'esprit d'autres ambitions. Le public réclamait *Lilas blancs*, il fallait lui donner *Lilas blancs*.

Son père n'était pas venu la voir tourner, lui donnant le seul chagrin de cette période bénie. Déjà, à Goldenstein, il l'avait si rarement visitée, préférant envoyer de petits cadeaux, de l'argent, un costume de diablotin pour une représentation théâtrale. Il n'avait pas su être un mari, il ne savait pas être un père. Wolf Albach était un comédien, un acteur avant tout. Son comportement étrange, incompréhensible pour une enfant, lui semblait maintenant totalement cohérent, presque fatal. Magda n'avait pas réussi à garder cet homme lunatique, un peu fou, elle n'en était pas capable avec ses solides vertus bourgeoises. Comment aurait-elle pu retenir un farfadet ?

Elle était rentrée à Mariengründ. Les télégrammes, les propositions affluaient. Le grand chalet, havre de paix, de silence, devenait soudain le point de rencontre de toutes les fièvres, de tous les enthousiasmes. Sa chambre d'enfant, seule, était préservée. Elle s'y réfugiait parfois pour essayer de comprendre, d'être heureuse vraiment, pas seulement excitée ou nerveuse. Le ciel était le même, la course des nuages l'entraînait vers de vagues rêveries. Cette vie qu'elle avait si ardemment souhaitée lui était donnée. Il fallait d'abord la faire exister concrètement dans son esprit afin de pouvoir ensuite en profiter vraiment.

L'été s'achevait, Magda lui avait conseillé d'accepter de tourner *Feu d'artifice* produit par Erik Charell, avec Lilli Palmer, la célèbre actrice d'origine allemande comme interprète principale. Elle avait accepté bien sûr. L'idée de reprendre le chemin des studios était exaltante.

Elle avait laissé le chalet derrière elle comme un peu d'enfance. Acheté en 1936 par Magda, il était le lieu de la tendresse familiale. Elle y était arrivée en octobre 1938 à peine âgée d'un mois. Wolfi, son frère y était né en 1940. Mariengründ était un univers, une planète aux multiples pays, changeant selon l'heure et les saisons, un modèle absolu dans sa conception du bonheur. Symbole mythique de son enfance, il était devenu la réponse à toutes les questions qu'elle se posait sur ce que devait être le contentement total, toujours désiré, jamais éprouvé. « De quoi rêvez-vous donc encore », lui avait un jour demandé un journaliste. La réponse avait jailli : « D'un chalet à Gstaadt, tout en bois, de la cave à la toiture, avec de belles cheminées pour les feux d'hiver. Devant, un jardin clôturé d'arbres verts d'un bout à l'autre de l'année. Une pelouse, une piscine, c'est un rêve simple[1]. » Simplicité apparente, tentation plutôt de reconstruire un monde fluide et perdu, celui de l'enfance où elle se sentait protégée, d'inscrire sa vie dans une continuité qu'elle ne parvenait pas à ressentir. Entre la base et le sommet de l'édifice, le vent avait soufflé trop fort, la déséquilibrant. La quarantaine passée, fatiguée, malade, désespérée, le rêve n'était pas encore assouvi.

Lilli Palmer, qui pourtant était elle-même préoccupée par sa séparation d'avec son mari, Rex Harrison, l'avait séduite, protégée, aidée. Autour d'elle aucune hostilité, aucune tension, l'impression permanente de vivre un rêve, d'avoir choisi une profession où tout était doux, amical et facile. L'appât se faisait séduisant pour mieux la prendre au piège. Elle avançait sans se douter un instant des dangers qu'elle allait rencontrer.

On commençait à parler de jeune fille modèle,

1. *Jours de France*, 22 fevrier 1969.

incarnation du rêve de tous les parents allemands. Dans *Feu d'artifice,* tourné sous la direction de Kurt Hoffmann, elle jouait une jeune fille décidée par amour à tenter sa chance dans la carrière du cirque mais, comprenant au cours d'un rêve qu'il n'en serait rien, elle choisissait de revenir auprès du jardinier qu'elle avait trahi.

Elle avait quinze ans. Quinze ans ! L'âge de toutes les illusions, de toutes les folies. Encore tellement dépendante de Magda, si terriblement influencée par elle, ses désirs n'allaient jamais plus loin que ceux de sa mère. Peut-être voulait-elle simplement lui plaire et montrer à son père absent ce que sa fille était capable de faire pour mieux le séduire. Ses liens affectifs avec ses parents rendaient émotions comme espoirs étroitement dépendants d'eux. Elle voulait égaler Magda, se faire aimer par Wolf.

Plus d'amies, plus de collège, plus d'études, plus de cette liberté où les adolescents commencent à se construire. Des admirateurs, des metteurs en scène, des financiers, des comédiens. Un monde où le cinéma remplace tout, s'empare de tout, où les choses deviennent réelles à force d'être fictives.

Sa spontanéité, sa timidité, ses doutes n'avaient pas disparu mais peu à peu s'enfouissaient à l'intérieur d'elle-même. Il lui fallait redevenir ce qu'elle était auparavant pour les retrouver et elle n'en avait plus le temps.

Apparaissaient pour les remplacer un narcissisme et un égoïsme charmants dont personne à cette époque ne lui avait fait prendre conscience. Comment ne pas s'aimer lorsque chaque mot était louange, chaque regard admiration. A quinze ans elle se voyait exceptionnelle, elle était fêtée, adulée. La petite Romy était « adorable », un « phénomène », un « modèle pour toutes les jeunes filles ». C'était grisant, complètement euphorisant.

L'adulation maintenant ne l'étourdit plus, ce qui lui est nécessaire est sa propre estime, avoir le sentiment que le travail accompli par elle est un bon travail. Cette certitude est son honneur, plus encore que les oscars ou tout autre signe de la reconnaissance publique. « Tu as une figure de rat mais tu es photogénique », lui avait dit son père à l'époque de *Lilas blancs*. Désormais, Wolf pourrait ajouter : « Tu as une figure de rat, mais tu as du talent. » Ce père tant aimé dont elle avait pris congé depuis bien longtemps déjà, ce père ambigu, source de toutes ses impatiences, trop tardivement rendu, elle pourrait maintenant le considérer la tête haute : « Vois jusqu'où j'ai été. »

Il poserait sur elle un regard ironique, avec ces yeux qui semblaient toujours s'amuser de toutes choses et ils riraient ensemble comme deux amoureux. Pourquoi rêver d'une unité avec Wolf alors qu'ils avaient toujours été séparés ? Pourquoi toujours rêver d'une unité avec les hommes qu'elle aimait ? Pourquoi ce désir qui la rendait agressive envers eux lorsqu'elle constatait impossible cette fusion ?

Le fil des souvenirs de Romy pourrait s'arrêter là, à ce début d'adolescence heureuse, à ces succès demeurés amusements pas encore irréversibles, irréparables.

III

« Sissi »

Quelques mois plus tard, invitée avec Magda à la projection de *Valse d'adieu* à Munich, elle rencontrait le producteur Ernst Marischka. Le gros et jovial Ernst allait changer sa vie. Ce vieux monsieur pétillant et charmeur s'entendait à merveille avec Magda et Daddy Blatzheim pour saisir la chance, profiter du succès de la petite Romy, la conduire de plus en plus loin, de plus en plus haut. De la petite bergère candide, Marischka ferait Sissi, une princesse, une reine, « la fiancée de l'Europe », une star après cinq films seulement. 1955, le début de la gloire.

A Mariengründ, avec son basset Seppl, elle réfléchissait avant le tournage à ce film ambitieux, terriblement coûteux qui allait reposer entièrement sur ses épaules. Marischka, Magda, Daddy Blatzheim lui faisaient confiance. Elle serait une Sissi merveilleuse, idéale. Pourquoi ne pas les croire ? Si elle n'avait pas encore assez d'expérience pour douter d'elle, elle en avait suffisamment pour percevoir les difficultés de ce film au-delà de ses séductions : trois mois dans les décors naturels des plus jolis paysages et des plus somptueux châteaux autrichiens. Ernst voulait ne pas raconter l'histoire mais la faire revivre sur les lieux même où elle s'était passée.

Sissi, Elisabeth de Wittelsbach, était née à Possenhofen en 1837. Élevée libéralement en Bavière par un père bon vivant, la jeune fille semblait destinée à devenir l'épouse tranquille d'un quelconque prince allemand. L'amour de François-Joseph, empereur d'Autriche, avait bouleversé sa vie. A vingt ans, elle était impératrice d'Autriche, reine de Hongrie. Un an plus tard, elle mettait au monde un fils : Rodolphe. Tout semblait combler cette femme ravissante et intelligente mais peu à peu, inexorablement, sa vie allait basculer vers la solitude, les obsessions, la fuite jusqu'à la mort de son fils qui allait définitivement en faire une vagabonde.

La mort de son beau-frère Maximilien, empereur du Mexique, fusillé à Queretaro, la mort de son cousin Louis II de Bavière, trouvé noyé dans le lac de Starnberg, la mort de son fils à Mayerling, toute une succession de drames avait fait de la rayonnante Sissi une femme égarée, perdue. En 1898, lors d'un voyage en

Suisse, elle avait été assassinée à Genève par un anarchiste italien.

Le film de Marischka n'évoquait que les débuts radieux de la vie d'Elisabeth d'Autriche, le conte de fées. Tous les costumes étaient inspirés de célèbres tableaux d'époque, les plus pittoresques sites avaient été choisis comme lieux de tournage : le Salzkammergut dans le Haut-Danube, la Wachaula Styrie et le Wienerwald serviraient de cadre à la jeunesse de Sissi, à son histoire d'amour avec François-Joseph, à ses fiançailles et à son mariage. Sur le Danube, à travers la province de Wachau, la future impératrice allait voguer vers son fiancé sur un bateau couvert de roses. Magda tiendrait le rôle de sa mère, la grande-duchesse Ludovika.

Ces perspectives, qui auraient dû la combler, l'inquiétaient.

Elle avait rencontré son futur partenaire Karl-Heinz Böhm et s'entendait à merveille avec lui. Il était comme elle l'enfant d'un père célèbre, Karl Böhm, le prestigieux chef d'orchestre autrichien spécialiste de Mozart et de Wagner. Séduisant, attentif, il ne l'inquiétait pas. Tout était trop merveilleux. Pourquoi s'émouvait-elle comme avant une rencontre néfaste ? Elle serrait fort Seppl contre elle comme pour retenir quelque chose de fugitif et fluide : sa jeunesse.

« Le destin d'Elizabeth d'Autriche, de Sissi, sera le tien », lui avait prédit une voyante. Quelle chance ! La gloire, les voyages, la beauté, l'adulation des foules, que souhaiter de plus ? Ce n'était que plus tard, beaucoup plus tard, après des années de vie, alors que son histoire ne semblait plus dépendre de personne, que l'autre visage de Sissi lui était apparu, semblable à celui montré dans *Ludwig*[1] : grave, torturé par la recherche d'un bonheur toujours trop lointain, solitaire, blessé, névrosé, profondément ambigu. Elisabeth d'Autriche, mère d'un fils unique mort d'un trou dans la tête ! Rencontre fantastique, maléfique ? Au-delà de la féerie, il y avait eu ces retrouvailles. Sissi la guettait quelque part.

Le tournage avait commencé. Chaque plan était une œuvre d'art dont elle était le centre. A Schönbrunn, où se mouvait encore lentement la brumeuse silhouette du roi de Rome, d'éclatantes scènes se trouvaient reconstituées. « C'est mon plus beau rôle », avait-elle déclaré. Karl la regardait avec tendresse, son sourire à elle n'était pas factice. Lors de la scène de leur mariage dans la plus belle église de Vienne, leurs mains tremblaient un peu...

Le public avait été enthousiaste, la fièvre *Sissi*

1. Tourné en 1972 avec Visconti.

s'était emparée de l'Autriche avant de gagner l'Allemagne. Les recettes dépassaient *Autant en emporte le vent*. Du jour au lendemain, la petite Romy était star. La gloire : son nom partout dans la presse, sur les affiches, alimentant les conversations. Son visage, son sourire faisant éclater les mérites du cinéma autrichien, le téléphone sonnant sans discontinuer à Mariengründ, l'impression que le temps n'était plus le temps, la découverte de ces instants terriblement excitants dont elle ne saurait plus se passer au cours de sa vie !

Qu'est-il demeuré en elle de la jeune fille de 1955, celle dont un journaliste écrivait : « Elle l'est devenue (une princesse) pour le meilleur tant sa spontanéité, sa gaieté naturelle, l'ont emporté sur la "vedette". Et c'est cette jeunesse, cette fraîcheur qui lui valent maintenant d'être une grande actrice. Une actrice sans drames. Avec pour seule légende, celle que lui tracèrent les fées à sa naissance... et qui n'est pas encore finie[1]. »

Lui sont certainement restés la passion de la vie, l'amour de son métier et le désir d'aller plus loin encore sans renoncer à la sérénité affective. Ont disparu la naïveté, la confiance, une conception touchante et exaltée de l'amour.

1. *Paris Presse*, 4 mars 1957.

Déclaré œuvre culturelle, *Sissi* avait été projeté dans les écoles. De nombreux slogans proclamaient : « Demain, vous serez tous amoureux de Romy Schneider. »

Elle était amoureuse, vaguement, de Karl ; elle avait flirté avec presque tous ses partenaires de films. Déjà, éprouver un sentiment amoureux lui était indispensable pour vivre. Déjà elle avait besoin de cette exaltation, de cette « sur-vie » que donne l'amour.

A cette époque de son existence, éprouver ce genre de sentiment lui suffisait pour la stimuler, pour occulter ses peurs. Elle n'avait pas encore besoin du renfort de l'alcool ou des pilules. Elle n'était pas encore bloquée à l'intérieur d'elle-même. Il n'y avait pas de désespoir, pas de larmes. Pour qui, pour quoi aurait-elle pleuré ? Les garçons la courtisaient et elle recevait leur admiration, avec empressement, avec gaieté. On ne pleure que lorsque l'on commence à se donner. Elle n'abandonnait alors rien d'elle. Son existence était une sorte de jeu permanent surveillé par Magda, un jeu où l'on gagnait peu de chose et où on ne perdait rien.

Tout de suite, Ernst Marischka avait pensé tourner une suite à *Sissi*, le gâteau était beaucoup trop savoureux pour ne pas s'en régaler jusqu'au bout. Elle avait été surprise lorsque Magda lui en avait parlé avec enthousiasme, surprise et paradoxalement moins heureuse qu'elle n'aurait dû l'être. Tourner un deuxième épisode était moins amusant. Il lui faudrait encore transpirer sous ses robes et porter cette maudite perruque pesant six kilos, source de migraines.

Le style, la grâce facile de Sissi la gênaient. Elle s'était prêtée à ce que l'on attendait d'elle, avait fait au mieux pour donner satisfaction mais pressentait soudain qu'elle servait les autres beaucoup plus qu'elle ne se servait elle-même. Magda, Blatzheim, Marischka profitaient pleinement de Sissi et voulaient en profiter encore. Pour la première fois, elle concevait que son intérêt à elle n'était pas fatalement le leur.

Il y avait eu le deuxième *Sissi*, puis un troisième. Entre-temps, des contrats se signaient et c'était Daddy Blatzheim qui les négociait après que Magda eut choisi les films. La petite princesse se laissait encore mener par la main en souriant.

Dans la rue, on commençait à la reconnaître, à la poursuivre. Sur la joie d'être aimée l'emportait peu à peu une certaine peur des autres. L'habitude de se protéger la faisait différente, la coupait pour toujours de ses semblables, des jeunes filles de son âge, des passants, des anonymes. Des voitures venaient la chercher, la déposaient, elle n'avait rien à faire, pas même à conduire. On s'occupait de tout pour elle, afin de lui rendre la vie facile et agréable. Plus de difficultés matérielles, plus de petits énervements nourris par les aléas de la vie quotidienne. De la disponibilité nerveuse venait l'anxiété. Elle avait trop de temps pour penser à elle, à ses projets, à ses amours. Le monde tournait autour d'elle, c'était fascinant d'être aimée ainsi. Entre les deux premiers épisodes de *Sissi*, elle avait tourné *Kitty, Un petit coin de paradis, Monpti, Mademoiselle Scampolo. Kitty* avec encore Karl-Heinz Böhm comme partenaire, *Un petit coin de paradis* et *Monpti* avec Horst Buchholz. Les films se succédaient, la fatigue, une excitation permanente la galvanisaient. Trois films en 1956, trois en 1957, la certitude d'être amoureuse enfin. Horst Buchholz serait l'homme de sa vie. Elle se réjouissait des photos, les montrant tous les deux. Et pourtant, ces photos la choquaient un peu. Le monde extérieur avait trop de droits sur elle. Magda s'en amusait, tout cela n'était pas vraiment sérieux et servait la carrière de sa fille. Horst la soutenait, la réconfortait. Lui-même était une grande vedette. Ne disait-on pas qu'il incarnait le James Dean allemand ? Ensemble, ils flirtaient, ils avaient des conversations à n'en plus finir sur le monde, sur le cinéma, sur leur avenir. Elle ne voulait pas pousser trop loin leur relation, pas encore. D'ailleurs, ils avaient si peu de moments en tête-à-tête ! Parfois, cependant, ce rôle de jeune fille modèle lui était insupportable. Ce n'était pas elle ! On lui prêtait un visage, un comportement qui n'était pas les siens ! Elle aurait voulu partir, habiter quelque part avec « son » homme et ne le pouvait pas, malgré sa célébrité, malgré tout l'argent qu'elle avait gagné. Provoquer une rupture avec sa famille ? Elle en était incapable, elle avait besoin, profondément, absolument, de cette sécurité.

Comme elle était radieuse à cette époque, malgré une fatigue nerveuse extrême, et combien elle s'aimait ! Comment ne pas se dire : « Je suis Romy Schneider », lorsque les mains se tendaient, avides, pour la toucher, que les visages se levaient vers elle comme vers un arc-en-ciel. A dix-neuf ans, la fragilité se veut diamant et cette fragilité si brillante n'est que rupture avec l'enfance, l'image mère, l'obsession d'une naïveté sans cesse abîmée par l'expérience mais sachant déjà instinctivement que vivre c'est créer. D'un côté, la certitude, la satisfaction, de l'autre la peur, le sentiment aigu de son insuffisance. Sans cesse désormais elle serait écartelée entre ces deux extrémités, l'amour et le désespoir, jusqu'à l'épuisement.

Ce qui lui convenait occupait son esprit tout entier, ce qui l'embarrassait, elle tentait de l'occulter. Ainsi son voyage à Hollywood entrepris entre *Mademoiselle Scampolo* et le troisième épisode de *Sissi*. C'était sa deuxième visite en Californie. La première, un déplacement d'agrément fait en compagnie de Magda, l'avait enchantée. Elle avait découvert Disneyland avec des yeux émerveillés, avait visité quelques studios d'Hollywood. Lorsqu'elle riait de tout, sa mère était sérieuse. Les yeux de Magda voyaient pour elle. Dans cet endroit précis de l'Amérique, le monde réel se confond avec celui du rêve. C'est là et nulle part ailleurs que se parle la véritable langue du cinéma. A Hollywood on en a décrypté le sens.

Le deuxième voyage n'avait plus le caractère léger, divertissant du premier. Il s'agissait de faire un bout d'essai pour *le Troisième Homme sur la montagne*, un film de Walt Disney, et c'était pour elle très important. De sa réussite résulterait sans doute le début d'une carrière américaine, l'ambition suprême de sa famille. L'immense succès des deux premiers *Sissi*, sa popularité européenne lui permettaient tous les espoirs. Magda et elle étaient parties radieuses d'Allemagne.

A Hollywood, l'accueil avait été chaleureux, pas exubérant : limousine, suite dans un hôtel de luxe, fleurs et corbeilles de fruits, le traitement dû à toute personne un tant soit peu renommée. Déjà, en comparaison avec l'anonymat de son premier voyage, celui-ci marquait une progression. On l'avait emmenée dans les studios, elle avait assisté à quelques plans de tournage et avait été éblouie par le comportement des comédiens, répétant encore et encore entre chaque prise. Manifestement, ils ne s'amusaient pas, ils travaillaient.

Le rendez-vous avec Walt Disney avait tardé. Au téléphone, on lui promettait une rencontre imminente, mais le grand homme se trouvait tellement occupé qu'il n'était pas maître de son emploi du temps.

Le moment du bout d'essai pour le rôle était enfin venu et elle s'y était rendue l'angoisse au ventre. La grande, l'illustre, la merveilleuse Sissi se trouvait devant les caméras américaines comme une petite fille débutante. La chaleur, l'amitié des techniciens l'avaient aidée, rassurée. Tout était *O.K.*, parfait, on allait maintenant visionner les rushes avant de lui téléphoner.

Au-dessus de l'hôtel, de sa piscine, le ciel californien faisait corps avec tous les espoirs que ce sol nourrissait. Tout semblait possible, les yeux se trouvaient comme ensorcelés mais le résultat de ces mensonges matérialisés était redoutable. La réponse était enfin venue, entourée de mille circonlocutions, mais négative. Elle n'était pas retenue pour ce rôle attribué finalement à Janet Munro.

A la déception immédiate, énorme, elle avait aussitôt, pour sauver son orgueil, substitué le mépris. Ce rôle était ridicule. On l'avait fait jouer devant de fausses montagnes de carton peint, déguisée en tyrolienne. C'était donc l'idée que l'on se faisait en Amérique des comédiennes européennes ? Jamais elle n'aurait accepté de se fourvoyer dans une farce aussi grotesque. Elle avait quitté Hollywood à la fois amère et frustrée. Un jour, elle en était sûre, elle reviendrait.

Avec le recul, elle peut sourire de cette manière de penser, d'agir. Elle n'était alors qu'une petite fille. Maintenant, elle sait que chaque rôle, chaque pas en avant est une bataille à laquelle seule elle peut attribuer un sens. La réponse, jamais, ne vient des autres.

« Non. »

Ce premier non définitif, irrémédiable, longuement mûri, elle l'avait prononcé très vite : elle ne tournerait pas le quatrième épisode de *Sissi*. Malgré le cachet colossal qui lui était offert. Elle savait qu'elle avait raison, contre sa mère, Marischka, Blatzheim, contre tous. Un quatrième *Sissi* représentait une facilité, une pente qu'elle n'aurait peut-être plus la force de remonter par la suite.

On cherchait à l'enfermer, à faire d'elle une marionnette charmante vouée au rebut après quelques tours de scène. Le métier de comédien, c'était celui de sa grand-mère Rosa Retty, actrice au Burgtheater de Vienne depuis 1903 et gloire du théâtre autrichien, pas ce trop brillant et éphémère succès. Le souvenir de son échec à Hollywood où le travail acharné des comédiens, leur ambition, leur discipline l'avaient frappée, était un des motifs de sa décision. Là-bas, Romy la petite star, la fiancée de l'Europe était presque inconnue. Aussi longtemps qu'elle demeurerait irresponsable d'elle-même, elle ne serait rien. Les carrières de Katharine Hepburn, de Marilyn Monroe, de Clark Gable, de Montgomery Clift lui semblaient exemplaires. Instinctivement, elle avait toujours su distinguer l'essentiel du secondaire, même si le chemin à suivre pour y parvenir demeurait encore imprécis. Elle avait à cette époque des ambitions, mais pas la maturité suffisante pour tout leur sacrifier. Elle savait pourtant qu'il n'y aurait pas de quatrième *Sissi*, elle avait découvert sa propre volonté, ses propres espérances et ses propres refus. Plus de crinolines, d'amazones, de fanfreluches et de sourires extatiques. Tout cela n'était qu'un chemin fabriqué par sa mère, pas par elle.

A peine le troisième épisode de *Sissi* terminé, elle avait commencé *Jeunes Filles en uniforme*, remake d'un film de Léontine Sagan, tourné en 1931. Elle avait vingt ans et déjà douze films derrière elle. Elle retrouvait Lilli Palmer. Ensemble, elles se promenaient dans Berlin où ne se dressait pas encore le mur. Lilli évoquait son départ pour l'exil, lorsqu'elle avait fui devant la montée du nazisme. Elles visitaient l'hôtel de ville, la porte de Brandebourg, remontant l'avenue Karl-Marx de la place de Francfort jusqu'à la place Alexandre, allant au jardin zoologique, se promenant dans le quartier de Grünewald où elle habiterait plus tard, où grandirait David, un quartier résidentiel avec des petits lacs, vestiges de la période glaciaire. On parlait des *Fraises sauvages* qui venaient de recevoir l'Ours d'or.

Le thème de *Jeunes Filles en uniforme* passait pour être très scabreux. Il relatait l'amitié amoureuse d'une jeune pensionnaire pour l'un des professeurs, interprétée par Lilli Palmer. Deux fois au cours du tournage, elle s'était évanouie. La fragilité nerveuse brisait sa volonté, elle ne parvenait plus à se reposer, à se retrouver. La scène où, travestie en Roméo, elle avouait devant toutes les élèves son amour à Lilli Palmer, lui avait valu sa première vraie émotion d'actrice. Le jeu la prenait violemment, s'emparait de sa substance, mais elle ne pouvait plus vivre sans lui.

IV

« Christine »

Ce n'était pas un hasard qui lui avait fait accepter de tourner *Christine* en France mais sans doute un signe du destin. Il fallait que ce film médiocre arrive à ce moment précis de sa vie. Ce projet remontait à 1955, avant les *Sissi*. Il avait mûri lentement, doucement, sans que rien ne puisse lui faire pressentir que ce film allait changer sa vie. *Christine* était un projet parmi beaucoup d'autres avec pour seule originalité l'idée de pouvoir rivaliser avec sa mère à travers les années.

On en avait parlé pour la première fois alors qu'elle tournait à Munich *Mon Premier Amour*. Un producteur français était venu lui proposer une nouvelle version de *Liebelei*. Magda avait alors été trouver Max Ophüls qui, dans le studio voisin, tournait *Lola Montès*. Vingt années auparavant, il avait lui-même dirigé Magda dans *Liebelei*. Accepterait-il de réaliser une seconde version avec Romy ?

« Jamais, avait-il répondu, car je ne pourrais pas faire mieux aujourd'hui que la première fois. »

Ce refus avait été une déception, Ophüls lui aurait permis d'échapper enfin aux mièvreries viennoises que déjà à cette époque elle jugeait avec une grande lucidité.

Le travail, ses amours, sa famille, les voyages l'avaient tant accaparée qu'elle ne songeait plus beaucoup à ce *Christine* dont le tournage avait été fixé pour 1958 à Paris et à Vienne. C'était le metteur en scène Pierre Gaspard-Huit qui la dirigerait. Ses partenaires n'avaient pas encore été choisis. Elle s'en moquait. Ses pensées allaient toutes à Horst Buchholz.

Le triomphe de *Sissi* avait rendu les perspectives de ce film plus excitantes encore pour ses producteurs. Elle représentait désormais une sorte de poule aux œufs d'or que tout le monde désirait. On sollicitait ses avis, on essayait de combler ses vœux.

On l'avait contactée pour le choix de ses partenaires ou plutôt de son partenaire, de celui qui incarnerait Franz Lobheiner, sous-lieutenant du 14e régiment de dragons, celui pour lequel elle allait mourir. Elle était une star, elle pouvait décider. On avait organisé une séance de projection de photos, des visages de comédiens jeunes et beaux défilaient. Elle avait le souvenir très précis d'un certain ennui, aucun ne l'intéressait vraiment. Une diapositive s'était arrêtée sur l'écran. Un visage, un regard différent, un peu dur, volontaire, charmeur cependant.

— Qui est-ce ?

— Alain Delon.

Il retenait l'attention, il ne ressemblait pas aux autres, n'avait pas leur regard de chien couchant devant le succès. Elle l'avait choisi. Oublié ensuite, pour y repenser lors du tournage de *Jeunes Filles en uniforme* qui précédait immédiatement celui de *Christine*. Avec Lilli Palmer, elle avait parlé de lui. Le connaissait-elle ? Pas du tout.

La rencontre avec Alain Delon allait avoir lieu à Paris, organisée par Pierre Gaspard-Huit. Elle se sentait épuisée. Ce voyage était la perspective d'une fatigue supplémentaire, elle ne le souhaitait pas vraiment.

Toujours, elle avait eu horreur des réceptions à la descente des avions. Toujours on la mettait dans des situations complètement artificielles qu'elle voyait à des années-lumière de distance mais qu'il lui fallait cependant affronter. Elle n'était plus déjà à l'époque de *Christine,* cette jeune fille bien élevée, tendre et gaie, adulée par le cinéma allemand. Elle avait changé considérablement, mais personne ne s'en était aperçu. A ce moment de sa vie, n'importe quoi, n'importe qui pouvait la faire réagir enfin. Elle était comme un cheval sur la ligne de départ. Alain s'était présenté exactement au moment favorable.

Cette fois-là, tout s'était passé comme à l'accoutumée : des sourires, des éclairs de flashes, du monde, des fleurs. Au bas de la passerelle se tenait un jeune garçon semblant un peu déguisé dans son beau costume. La première image était toujours dans son esprit, inoubliable : il était beau, il tenait à la main un bouquet de roses rouges. L'impression éblouissante était passée, demeurant à son insu profondément marquée en elle. L'ennui de la réception l'emportait finalement sur l'émerveillement.

Alain de son côté, il le lui avait confié plus tard, l'avait trouvée totalement dépourvue d'attraits. Elle était apparue à ses yeux comme une jeune Allemande bien astiquée, fraîchement débarquée de ses prairies natales.

Il leur avait fallu parler, faire semblant de s'intéresser l'un à l'autre, mais Alain ne connaissant ni l'anglais ni l'allemand, elle-même ne sachant pas un mot de français, leurs échanges avaient été plutôt superficiels. Le soir, ils s'étaient retrouvés au Lido pour danser. Alain sans cesse lui répétait la seule phrase qu'il savait : « Ich liebe dich », avec un accent épouvantable. Elle le trouvait ridicule et était exaspérée. Ils s'étaient séparés en se détestant.

Elle était partie se reposer à Ibiza juste avant le premier tour de manivelle. Il faisait chaud, elle dormait, lisait, flânait. Ce repos tant espéré l'ennuyait un peu, ses forces vives inoccupées étaient en effervescence. Elle n'avait pas tout à fait vingt ans.

Devant la Méditerranée, le scénario de *Christine* à la main, elle laissait vagabonder sa pensée vers l'avenir. L'avenir, c'était essentiellement le cinéma, le film *Eva ou le Carnet d'une jeune fille* qu'elle enchaînerait après *Christine,* d'autres projets encore qu'elle souhaitait plus ambitieux.

Son idylle avec Horst touchait à sa fin, elle avait flirté avec Toni Sailer si publiquement que la presse les avait fiancés. Elle était sortie souvent avec Curd Jürgens dont la maturité la fascinait. Avec lui elle se sentait intelligente, désirable, mais il jouait. Curd était beaucoup trop intelligent pour vouloir lui donner la moindre illusion.

A Ibiza, elle avait reçu un mot d'Alain, court, banal, elle lui avait répondu sur le même ton et cependant le regard bleu de cet homme était là, devant elle, malgré la méfiance. C'était étrange et désagréable comme une violation. Elle ne voulait pas le craindre, étant trop sûre de sa propre valeur, mais elle ne parvenait pas à le situer vraiment. Il était la première faille à entamer légèrement son orgueil de jeune star.

A son retour à Paris, elle avait pu enfin sortir de son indécision, le voir objectivement : il était violent, suffisant, sauvage, il fonçait au volant de sa voiture, il arrivait en retard aux studios. L'inimitié, estompée par la séparation, revenait. Alain et elle n'avaient rien en commun.

Jean-Claude Brialy, l'autre vedette du film, ennuyé de cette hostilité, multipliait les gestes de conciliation, les paroles d'apaisement. Pierre Gaspard-Huit filmait. Dès les premiers jours, contrairement à son recul vis-à-vis d'Alain, Jean-Claude Brialy et Sophie Grimaldi l'avaient séduite ; Jean-Claude par sa gaieté, son humour, Sophie parce qu'elle était une jeune fille comme elle, toujours prête à rire. Alain avait quelque chose de plus grave qu'eux, de plus dur. Face à lui, l'indifférence se révélait impossible. Elle était désorientée.

L'hostilité à nouveau devenait incertaine, sa présence imprégnait les premières scènes du film d'une saveur incompréhensible. La sorte de combat qu'elle menait pour voir enfin clair en elle était sans adversaire. Alain ne la poursuivait ni ne la repoussait, elle ne le comprenait pas et cherchait une issue.

Comment parler de l'entrée en amour ? De ce moment où le monde devient de cristal transparent et fragile, où il existe toujours une ultime réponse à des questions sans fin, où chaque parole, chaque geste, chaque regard renferme un extraordinaire pouvoir de suggestion et d'appel. Cet amour ou cette passion, peu importaient les termes, comment les définir ? Comme un passage de la nuit à la lumière suivi par un retour de la lumière au sein de la nuit ? Une pulsation ? Elle avait déjà été amoureuse mais avec Alain, il se passait autre chose, quelque chose comme une attente. Cet homme avait le pouvoir de faire se lever le vent.

A ce moment du tournage, juste avant le départ de l'équipe pour Vienne où devait être filmée la fin de *Christine*, ils avaient tous été invités à Bruxelles à l'occasion d'une manifestation cinématographique.

Dans le train, la présence d'Alain était une joie. Il riait, il n'y avait plus en lui ni agressivité ni violence, il semblait un peu fou, heureux d'être avec elle. Ils avaient eu plaisir à se parler, à se toucher, à apprendre à se connaître. Magda les attendait à Bruxelles à la descente du train. Son regard était inquisiteur, elle semblait avoir entièrement discerné l'émotion de sa fille.

— Mon dieu, te voilà amoureuse !

Cette phrase pourrait la faire sourire encore tant le ton de la voix semblait désolé. Magda était pour la première fois confrontée à une situation qu'elle ne dominait pas. Tout de suite, elle s'était méfiée d'Alain. Ses craintes, en se révélant justes, devenaient épouvante.

— Maman ne sois donc pas ridicule !

Elle avait haussé les épaules. Le regard permanent des autres sur elle commençait à lui être insupportable.

Aussitôt sortie de l'ombre de sa mère, lorsque son nom était apparu sur les génériques avant celui de Magda, elle avait compris, même si la représentation mentale en demeurait encore assez vague, que le métier de comédien était à la fois source de conflit avec les autres et mise à l'épreuve permanente de soi-même. Elle n'était pas seulement Romy Schneider, elle était une unité de mesure, un type de femme plus ou moins prisé dont la valeur s'établissait selon le cours de ses concurrentes. Sa vie serait faite de cela, il ne servait à rien de s'abriter derrière quiconque, fusse sa propre mère. Jouait-elle son rôle de mère, Magda, ou se souciait-elle réellement de la vertu de sa fille ? Ses premiers flirts, elle les avait approuvés. On la photographiait, la presse parlait d'elle, c'était bien. Que la romance aille plus loin, que sa fille puisse s'investir davantage et souffrir, elle n'en parlait pas. L'important était qu'elle garde son sourire frais de jeune fille : « Romy est sage, sincère, spontanée, disait la presse, elle aura un avenir heureux. »

Le soir avait éclaté une sorte de psychodrame entre ses parents et elle, premier affrontement d'autant plus violent que les forces avaient été retenues longtemps. Déjà Daddy Blatzheim et elle avaient échangé quelques paroles agressives, notamment lors de son histoire d'amour avec Horst Buchholz : « Tu choisiras entre lui et moi ! » Phrases dérisoires, il savait qu'elle était incapable de faire le moindre choix. Là, à Bruxelles, le moment était venu peut-être, Magda et Blatzheim récitaient le même texte en face d'une partenaire qui avait changé d'emploi. L'ingénue était devenue adulte.

En dansant, Alain lui avait demandé de venir le rejoindre à la table française. Plus qu'une joie de l'avoir à son côté, c'était une sorte de défi qu'il lui lançait. Elle était prête à le relever. La salle bruissait de monde, il faisait chaud, l'orchestre jouait fort. Tout contribuait à créer une ambiance fermée, appesantie par une gaieté artificielle. Elle était revenue à côté de ses parents à la table allemande, s'était assise. Échange de regards, muets, provocants. S'ils avaient ri ou plaisanté, peut-être serait-elle restée. Leur air fermé, leur attitude rigide l'avaient décidée. La force d'Alain, son ironie vis-à-vis des conventions étaient déjà en elle. Elle s'était levée. « Ta place est ici, avait prononcé froidement Daddy Blatzheim. Tu ne peux pas aller t'asseoir à une autre table avec un homme. Qu'est-ce que les gens penseraient ? » Pas de réponse, un dernier échange de regards, elle avait tourné le dos non seulement à ses parents, mais aussi à tout un monde, un monde conventionnel et douillet, totalement rassurant. Devant elle, c'était l'aventure.

A Vienne s'étaient tournés les extérieurs de *Christine.* Magda et elle s'étaient installées à leur hôtel, le *Sacher,* où elles venaient régulièrement. Alain y était également. C'était là qu'avait abouti leur histoire d'amour au milieu des fous rires, des chahuts, des virées en voiture, avec Jean-Claude Brialy et Sophie Grimaldi. Un soir, leur voiture était tombée dans une des voies du tram sur le Ring qui se construisait alors. Avec Alain, rien ne pouvait être banal.

Que peut-il demeurer d'une passion vingt années après qu'elle s'est consumée ? Les sorcières du royaume ont péri, le rideau du théâtre est tombé. Le mystère seul se prolonge, porteur d'une part d'éternité.

Les aléas du film lui paraissaient soudain dérisoires, elle ne s'était battue à nouveau que lorsque la production, qui ne croyait ni en Alain ni en Jean-Claude Brialy, avait décidé de réduire au minimum leur rôle. Si on touchait à une réplique de leur texte elle se retirerait. La princesse était en colère. Tout s'apaisait. Alain ne la quittait pas, il était là physiquement, il était dans ses pensées, elle avait de lui cette obsession encore joyeuse que donne le début des amours. Entre eux, il n'y avait jamais ni ennui ni satiété. Lorsqu'ils s'affrontaient violemment, ils savaient très bien leurs limites et ne les dépassaient pas. Instinctivement, elle comprenait qu'en face d'un homme comme Alain, certains mots seraient irréparables. Le moment de la séparation était venu, elle l'avait accompagné à l'aéroport, encore joyeuse de sa présence, déjà bouleversée à l'idée de leur séparation. Pendant six années, elle allait vivre ces alternances absence — présence toujours difficilement. Au retour, elle avait pleuré dans les bras de sa mère, rien n'avait plus le moindre sens. L'absence d'Alain était une douleur physique insupportable.

Le lendemain, elle devait regagner Mariengründ, se reposer un peu, lire, retrouver sa chambre, cette maison si tendrement aimée. Cette retraite devenait un exil. Alors elle avait pris la décision non pas soudaine, elle y pensait depuis un certain temps déjà, mais évidente de partir rejoindre Alain à Paris. C'était vers lui qu'elle devait aller.

A l'instant où elle avait commencé à l'aimer, elle l'avait admiré, avait eu envie de suivre le même destin que lui. Tout ce qu'elle avait accumulé jusqu'à leur rencontre, argent, succès, semblait dérisoire à Alain. Face à lui, elle était prête à se reconstruire, à prouver qu'elle n'était pas la petite princesse fiancée à l'Europe mais aussi une femme qui lui ressemblait. Son orgueil, tout autant que son amour la stimulaient.

Alain multiple, nomade, indéfini, incertain, Alain tendre, possessif, solitaire, exigeant, Alain, tellement jeune lorsqu'elle le considérait avec le recul du temps...

Ils vivaient ensemble dans l'appartement de l'agent d'Alain, Georges Beaume, quai Malaquais, juste devant la Seine. Pas de confort, des toilettes sur le palier, un charme fou, la bohème parisienne, celle dont rêvaient toutes les jeunes filles allemandes. Là, elle avait achevé son adolescence. L'univers qui lui était jusqu'alors nécessaire, familier avec ses conventions, ses règles, sa sécurité, était perdu, lointain soudain comme les traces d'un voyage sur le sable. Sa vie se disloquait pour se reconstruire différente. Les amis d'Alain, les projets d'Alain, les désirs d'Alain devenaient les siens, elle n'avait pas besoin de bien parler le français pour les comprendre, elle riait, même lorsque la voix d'Alain se durcissait. L'odeur de chaque matin était celle de leurs corps. Quatre points cardinaux, deux noms, autant de plaisirs que de temps, des souvenirs... si peu et tant de choses vingt ans après.

L'univers d'Alain qu'elle désirait était celui des films intellectuels, des projets avec de grands réalisateurs, mais aussi celui d'une jeunesse anticonformiste qui méprisait le pouvoir de l'argent. Elle affrontait la tempête sans gouvernail. De Berchtesgaden, Daddy, Magda, et même Wolfi son frère téléphonaient, écrivaient pour la sermonner et la mettre en garde. Mille rumeurs couraient sur le compte d'Alain qu'ils s'empressaient de lui transmettre. Cela la mettait en rage. Le ton montait. Elle ne voulait pas céder. Comme sa famille lui manquait cependant, comme elle se sentait parfois misérable et perdue avec son mauvais français au milieu de toutes ces relations nouvelles !

A Vienne, la critique se montra totalement hostile lors de la sortie de *Christine*. Romy n'était pas épargnée, on ne lui pardonnait pas cette « trahison » qu'était son départ en France. Les ponts se trouvaient coupés. A partir de ce moment-là, ses relations allaient être difficiles avec l'Autriche ou avec l'Allemagne, difficiles et passionnelles.

L'année 1958 s'achevait. Alain avait été choisi pour tourner dans *Rocco et ses frères*. Entre Luchino Visconti et lui, une amitié totale, une admiration réciproque étaient nées. Ils possédaient tout pour s'entendre, peut-être parce qu'ils ne ressemblaient à personne, peut-être parce qu'ils aimaient par-dessus tout les défis.

Magda écrivait toujours, s'inquiétait. On parlait de sa fille dans des termes qui la peinaient. Ne pouvait-elle faire un effort et, puisqu'il n'était pas question de quitter Alain pour revenir en Allemagne, ne pouvait-elle l'épouser ?

Épouser Alain ? Il se moquait bien du mariage. Elle était « sa femme » même sans papiers, sans cérémonie. Le plus beau cadeau, le seul qu'il acceptait de recevoir était son amour, mais, puisque Magda et Daddy Blatzheim s'obstinaient, il voulait bien se fiancer devant les journalistes et la terre entière. Ils riaient ensemble de cette mise en scène, ils joueraient leur plus beau rôle : celui de deux fiancés modèles sous l'œil attendri des parents.

La « cérémonie » avait eu lieu le 22 mars 1959 à Lugano dans la propriété que Magda et Daddy Blatzheim possédaient au bord du lac Vico Morcote. Tout le monde avait été parfait, eux tout particulièrement. Ils avaient échangé sous le crépitement des flashes des alliances faites de trois anneaux d'or de couleurs différentes qu'ils portaient au petit doigt. Ils optaient l'un pour l'autre moqueurs, un peu émus cependant. Elle avait un jour expliqué : « Il y a des gens qui portent un anneau pour montrer qu'ils sont mariés, moi j'en porte un pour montrer que je ne le suis pas[1]. »

Les producteurs ne l'avaient pas tout à fait oubliée mais, inlassablement, ils recherchaient l'autre Romy, celle d'avant Alain qui était morte.

Elle avait tourné *Mademoiselle Ange* avec Henri Vidal, Jean-Paul Belmondo et Michèle Mercier, *La Belle et l'Empereur* avec Jean-Claude Pascal, *Katia* avec Curd Jurgens, films sans gloire dont elle ne parlait guère avec Alain. Ils s'étaient séparés, retrouvés. Les jours sans lui s'accumulaient, il lui manquait, elle se sentait sans âme, merveilleuse poupée entre les mains des metteurs en scène, mais son feu intérieur ne

1. *Ciné-Revue*, 7 juillet 1966.

s'éteignait pas. Il fallait terminer « cela » avant de commencer à travailler vraiment.

A Paris, chaque aube amenait les regrets de la nuit. Ils s'occupaient à rire, à boire et à danser dans les boîtes de nuit, à faire que leur cœurs battent plus vite, plus fort, que leurs corps vacillent de fatigue jusqu'à la lassitude.

Si Alain avait des projets, la certitude que sa carrière suivait le chemin qu'il souhaitait, on ne lui proposait à elle plus grand-chose : des rôles en costumes, des opérettes. Elle refusait. D'instinct, elle avait compris que ces mièvreries étaient une mésalliance. Toute décision est option, elle préférait ne plus tourner que de se compromettre.

Parce qu'elle ne travaillait pas, elle était partie en Italie accompagner Alain sur le tournage de *Rocco et ses frères*. Ce pays la touchait. Elle en aimait l'équilibre, la gaieté. Toujours, par la suite, elle avait été heureuse d'y voyager, d'y tourner, d'y aimer. Peut-être en souvenir de ce temps-là ou en souvenir de sa première rencontre avec Luchino Visconti.

Jamais elle ne l'oublierait. Cet homme plus que n'importe qui l'avait aidée dans cette période de sa vie. A Paris, elle avait entendu maintes et maintes fois des cris de louanges pour ce réalisateur extraordinaire. Alain lui-même était ébloui. A Ischia où elle l'avait rejoint un week-end lors du tournage de *Plein Soleil*, il ne lui avait parlé que de Visconti,

Visconti, Visconti. Elle s'était irritée, elle désirait des mots de tendresse adressés à elle, pas à Visconti. A la terrasse d'un bistrot où ils prenaient un verre sur le port, la coupe avait enfin débordé.

— Arrête de parler de ton Visconti.

— Il faut que tu fasses sa connaissance, après tu ne diras plus cela.

— Merci, je me passe très bien de lui. Je n'ai aucun désir de le connaître[1].

Elle l'avait rencontré à Rome, Via Salaria, dans le palais qu'il habitait. Escortée par Alain, elle avait gravi les marches et elle avait été fascinée.

Que faire de ces souvenirs qui s'accrochent à elle ? Ces souvenirs auxquels, dans sa solitude, elle demande de lui redire sa vie... Luca est mort. Pourquoi revivre ces instants, plantes fragiles et carnivores qui la rongent ? Luca qui lui a appris à être femme, à vouloir sa vie, à l'imposer, à éprouver de l'orgueil, pas de la vanité, à être une comédienne. Le goût de leur amitié ne lui est pas encore passé.

1. *Confidences,* 16 janvier 1966.

Cette amitié ne s'était pas créée en un jour, l'un et l'autre l'avaient construite, rencontre après rencontre. Visconti avait de la tendresse pour Alain, pas pour elle, il croyait en Alain, pas encore en elle qui n'était que sa fiancée, peu de chose. Il fallait l'affronter, le séduire. Le combat ne lui faisait pas peur, ni à cette époque de son existence, ni par la suite, ni jamais. Elle avait le souffle de la vie.

Pénétrer le monde de Visconti était fascinant. Cet homme avait le pouvoir de créer le beau, il détenait des secrets, celui de faire de la musique avec des bruits et d'autres encore, plus violents, plus brillants que des incendies. Il illuminait Alain d'une lumière qu'elle recevait sur son propre visage.

Après avoir été Sissi, on ne peut accepter de n'être rien et puisque Visconti n'aimait pas Sissi, elle attirerait autrement son respect.

Le quatrième soir de leur séjour à Rome, Visconti avait donné un banquet somptueux comme seul il savait les ordonner. Sans cesse, on y avait parlé de cette pièce élisabéthaine qu'il voulait faire jouer à Alain : *Dommage qu'elle soit une P...*

V

Visconti : « Dommage qu'elle soit une P... »
Boccace

Le projet de monter la pièce de John Ford à Paris avait fait son chemin. Georges Beaume, l'agent d'Alain, ami de Visconti, en commençait déjà la traduction. Elle écoutait, partageait leur enthousiasme. Ses temps forts étaient encore ceux des autres, mais elle découvrait que seuls, ils justifiaient une vie.

Alain aurait le rôle principal, celui de Giovanni, jeune seigneur dans la Parme du XVIIe siècle, amoureux de sa sœur Annabella. Depuis quelque temps, Alain rêvait de faire du théâtre, il était comblé, radieux. Les sautes d'humeur qui la déconcertaient s'espaçaient. Il se sentait aimé, encouragé. Elle devait l'accepter ainsi : Alain avait mille yeux, même si elle n'avait de regard que pour lui. On cherchait Annabella. Elle aimait cette femme passionnée, sensuelle, qui lui ressemblait et qu'elle n'interpréterait pas. Il n'y avait pas en elle de déception de ne pas être choisie, c'était une impossibilité, son français approximatif ne lui permettait pas de monter sur une scène à Paris. C'était une période d'incertitudes, de frustrations. Qu'allait-elle pouvoir jouer ? Qui lui ferait encore confiance ? Partout on parlait de la nouvelle vague où de jeunes actrices se taillaient des places de choix. Avec ses *Scampolo*, ses *Mademoiselle Ange*, ses *Katia*, ses *Sissi*, Romy semblait faire partie d'un autre monde.

Le temps passait, Visconti n'avait pas trouvé d'interprète pour Annabella. « Tout compte fait, je ne vois que Romy Schneider. » Cette phrase l'avait interloquée. Pourquoi Luca la raillait-il ? Mais il s'était adressé directement à elle en la regardant :

— Voulez-vous être la partenaire d'Alain sur scène, Romina ?

Elle avait éclaté de rire.

— Bonté divine, je ne suis jamais montée sur une scène de ma vie...

Luca ne s'était pas démonté, il savait certainement au fond de lui-même qu'elle rêvait de ce rôle.

— Ainsi, vous n'avez pas de courage, Romina ?

Elle ne riait plus. Luca l'attaquait dans ce qu'elle avait de plus sensible. Du courage, elle en possédait, beaucoup plus encore qu'il ne pouvait l'imaginer.

— Ce n'est pas une question de courage. Le fait est que je ne peux pas !

— Je vais vous renvoyer à Paris pour étudier ce qu'il y a de mieux en fait de français. Dès que vous posséderez cette langue, nous entamerons les répétitions. J'ajoute une promesse. Si au bout de quinze jours nous nous apercevons que les résultats ne sont pas satisfaisants, je vous délierai de vos obligations et je donnerai ce rôle à une autre.

Elle avait pris des leçons de phonétique et de diction avec une certaine Mlle Guyot. On lui faisait dire l'alphabet puis réciter des fables de La Fontaine des heures et des heures durant. Tout était enregistré sur magnétophone. En même temps, il lui avait fallu prendre des leçons avec Raymond Jérôme pour commencer à mémoriser son texte. C'était un travail épuisant qui lui occupait le corps et l'esprit à l'exclusion de toute autre chose. Magda écrivait, folle de colère : « Tu cours à ta perte ! Je ne permettrai pas cela ! » Elle continuait. Elle devait réussir, elle le voulait, absolument, elle réussirait.

Alain seul croyait en elle, l'encourageait. Le reste de Paris se moquait : elle avait eu ce rôle uniquement grâce à l'influence d'Alain sur Visconti. On la guettait, on riait par avance de sa chute.

Toujours, elle garderait en mémoire le défi permanent qu'était sa vie à cette époque-là. Au moindre faux pas, elle serait balayée. C'était une vérité qui l'avait marquée pour toujours.

L'amour, l'admiration étaient précaires, il fallait sans cesse les mériter.

Les répétitions avaient commencé sous le regard exigeant, impitoyable de Luchino. Elle se cabrait, essayait de tenir tête, mais il gagnait toujours. Au nom du théâtre, de sa conception perfectionniste de l'art de jouer, il rudoyait les comédiens, sans pitié, jusqu'au délire. Et soudain, ils dépassaient les limites de leurs forces, répondaient à sa voix.

Après des heures et des heures d'efforts acharnés pour atténuer son accent, la véritable gageure commençait pour elle : devenir l'Annabella de Luchino Visconti ou renoncer pour toujours. La fatigue, l'épuisement dus à un travail sans cesse recommencé, tel était le souvenir qu'elle conservait des répétitions. Parfois un peu de détente dans leur propriété de Tancrou en Seine-et-Marne, une grande maison blanche derrière une cour où était planté un immense platane. Il y avait un jardin potager, un petit bois ; l'horloge du clocher, nuit et jour, sonnait les heures. Ils aimaient à naviguer sur la Marne dans le *Romy*, un bateau à moteur ancré devant le presbytère, à s'arrêter pour déjeuner à la terrasse d'un restaurant au bord de la rivière. Odeur de l'eau douce, goût acide du vin blanc, les yeux bleus d'Alain étaient dans les siens. Ils avaient vécu là, entre la fièvre des répétitions et l'harmonie de leurs corps, les plus beaux moments de leur jeunesse, avant les étendues de silence, d'incompréhension, de reproches. Ils se préparaient tout doucement à se perdre.

L'habitude de Visconti était de faire répéter longuement avant de jouer. Les comédiens s'asseyaient autour d'une table pour réciter leurs rôles respectifs. Le premier jour, Alain et elle étaient arrivés en retard au théâtre. Ils s'étaient excusés, le regard de Luchino était de glace : « Bien, c'est passé, n'y pensons plus. Mais ne recommencez jamais, jamais plus ! »

L'angoisse ne la quittait pas, la nuit elle ne dormait plus. Il lui fallait non seulement tenir, mais réussir. Son énergie, sa volonté entière étaient tendues dans cette direction.

Sur la scène du Théâtre de Paris, devant 1 350 sièges vides et un seul occupé par Visconti, elle avait eu un court instant l'illusion d'être sa propre grand-mère : Rosa Retty. La tradition familiale pesait sur ses épaules, elle ne pouvait pas ne pas être à la hauteur. Tout lui semblait insurmontable, bouger, parler, respirer même. L'épuisement la faisait trébucher, balbutier, pleurnicher. Visconti semblait ne rien remarquer. D'une voix très calme il disait seulement :

— Je ne vous entends pas bien.

Elle croyait toucher là le fond de la détresse.

Parfois, alors qu'elle tentait de donner à son texte toute l'émotion, la sensibilité qui étaient en elle, il hochait la tête :

— Pas mal, Romina.

C'était tout.

Les répétitions avançaient. Tous les comédiens étaient au bord de la crise nerveuse, ils devaient sans cesse se dominer, se surpasser.

Au soixante-deuxième jour de répétition, alors qu'elle allait enchaîner son texte, Visconti l'interrompit :

— Allez-y, Romy, continuez !

C'était la chanson qu'il voulait, la fameuse chanson en italien répétée et répétée encore avec un professeur de musique et qu'il n'avait jamais voulu entendre jusqu'alors. Dans l'état de fatigue où elle se trouvait, cet effort supplémentaire la paralysait. Pourquoi Visconti exigeait-il cela d'elle aujourd'hui ? Elle avait balbutié, au bord des larmes :

— Jusqu'à présent, on a toujours...

— Allez, j'ai dit.

— Ne pourrions-nous pas attendre demain ? Je ne connais pas très bien l'air.

Un silence, très court, puis l'orage :

— Si vous ne chantez pas cette chanson maintenant et tout de suite, vous n'aurez plus jamais l'occasion de la chanter. C'est maintenant ou jamais, à vous de choisir...

— Mais...

— Allez-vous-en ! Que je ne vous revoie plus, au revoir mademoiselle.

Elle avait chanté, les mains tremblantes, la voix étranglée, mais elle avait chanté. Le champagne ou le vin rouge la soutenaient déjà. Ils lui étaient nécessaires après les répétitions pour se remonter, pour oublier ce sentiment d'infériorité qui toujours l'écrasait. Comment avait-elle pu être aussi insouciante au début de sa carrière ? Plus elle prenait de l'expérience, plus le doute, puissant, paralysant, la submergeait. Depuis cette époque, sa relation parfois difficile avec Luca ou avec Alain, ses efforts incessants pour progresser, devenir ce qu'elle voulait être, l'idée de réussite et celle de souffrance étaient demeurées liées. Elle ne pouvait devenir la première et être en même temps satisfaite, comblée. Le plus grand des bonheurs serait toujours la victoire remportée sur elle-même.

La première de *Dommage qu'elle soit une P...* au Théâtre de Paris avait été fixée au 9 mars. Le 6 mars avait lieu la « couturière ». Tout semblait bien se passer. Elle sentait la présence de Visconti quelque part dans la salle et, paradoxalement, cette présence terrible la rassurait. A la dernière scène, alors qu'elle se trouvait couchée dans le même lit qu'Alain, l'un et l'autre au paroxysme de leur furieuse passion, elle avait senti le poids du jeune homme sur ses cheveux. Il était impossible de le prévenir et lorsque, poignardée par lui, il avait fallu qu'elle saute hors du lit pour aller mourir sur la scène, sa perruque était restée sur le lit au milieu des rires des spectacteurs. Simone Signoret et Jean Marais l'avaient rassurée.

Cet incident n'avait aucune importance. Ce

qui la tracassait davantage était une douleur sourde, lancinante dans le bas de son ventre. Jamais elle n'avait été douillette, ni plaintive. Elle s'était dominée et toute la troupe était partie boire un verre à l'*Élysée-Matignon*. En route, Alain s'était arrêté dans une pharmacie pour lui acheter un calmant. Sans effet. Un ami lui avait fait une piqûre. Inutile.

Elle avait dû quitter l'*Élysée-Matignon* et revenir chez elle quai Malaquais pratiquement portée par Alain, tant la douleur était insupportable. Il faisait froid et humide, elle avait la sensation que son corps la quittait. Elle était cependant obligée de tenir. La pièce était la plus coûteuse qui ait jamais été montée à Paris : 600 000 francs. Elle ne pouvait se permettre d'être malade. La nuit avait été horrible, elle avait sommeillé, abrutie par les calmants avant d'être réveillée au matin par son propre cri. Elle se sentait mourir... Un médecin était venu aussitôt, elle avait entendu les mots : péritonite, urgent. Puis une ambulance l'avait emmenée à l'hôpital Ambroise-Paré. Cinq jours elle était restée hospitalisée. Sa chambre débordait de fleurs, les télégrammes d'amitié arrivaient par dizaines. Déception et émotion se mêlaient. Le théâtre à cause d'elle perdait 100 000 francs. Le 29 mars, elle devait être sur scène.

Tout Paris était là : Ingrid Bergman, Anna Magnani, Jean Marais, Jean Cocteau qui lui avait envoyé un dessin à l'hôpital, Curd Jürgens et puis sa mère et son frère Wolfi. Elle souffrait. Le ventre bandé, sanglé, portant ses lourdes robes de brocart, de soie et de velours, Annabella avait affronté les spectateurs. Griserie absolue, cette femme provoquant le sang, la violence, l'érotisme et la mort la galvanisait, peu importait la réaction des critiques, elle l'avait fait, elle avait gagné.

« Ce soir, Romy est la reine de Paris », avait proclamé Alain. Dans la salle, on parlait allemand, italien, français, on les applaudissait et ces ovations alimentaient l'enthousiasme des comédiens, faisaient revivre leur flamme. Comment se détacher de cette exaltation, de cette ivresse ? Chaque soir, elle mourait sur scène, victime et complice. Le bonheur d'Annabella et de son frère, la violence de leur amour ne pouvaient que s'achever par la mort. Les bâtisseurs devaient se décrocher le cœur.

La critique, à part quelques exceptions, lui avait été favorable. Elle triomphait. Pour la première fois, ses aspirations professionnelles se trouvaient réalisées. La longue période d'inaction était oubliée.

D'Allemagne, lui arrivaient de nouvelles propositions, mais les rôles offerts étaient encore ceux d'une ingénue. Elle avait tout refusé. L'amertume de ses compatriotes montrait leur désillusion. Ils ne la reconnaissaient plus.

Fin mars, lors d'un dîner d'adieu donné par

Visconti au *Berkeley,* il lui avait parlé du projet qu'il faisait de participer à un film à sketches : *Boccace 70,* sans dévoiler à qui il pensait attribuer le rôle de la comtesse.

« Une femme comme Bettina, avait-il seulement indiqué, distinguée, sûre d'elle », en désignant le ravissant mannequin qui accompagnait Aly Khan.

Une semaine plus tard, elle recevait un télégramme : « Voulez-vous le rôle de la comtesse dans mon *Boccace ?* » Elle avait accepté.

L'ambiance était à la joie entre Alain et elle. N'étant plus frustrée, elle n'était pas agressive. Ce qui lui arrivait était extraordinaire. Elle le savait. L'époque où, enfant gâtée, elle choisissait des rôles médiocres, était révolue. Le métier de comédienne ne serait jamais plus un jeu pour elle.

On avait tourné *Boccace* pendant les jours de fermeture des théâtres parisiens. Son rôle était celui d'une jeune femme allemande mariée à un comte italien, qui se ruinait avec des prostituées de haut vol. Confrontée à un scandale public, la comtesse soutenait son mari mais décidait de monnayer désormais ses charmes auprès de lui. Il lui faudrait payer pour l'avoir.

Au studio, les traditionnels affrontements avec Visconti avaient eu lieu. Les heurts perpétuels avec cet être qu'elle aimait avaient probablement marqué son attitude de femme envers les hommes. Volontaire, violente, la force brutale peu à peu était devenue chose normale pour elle. Au cours d'une scène où, s'adressant à un domestique, Luchino trouvait qu'elle ne mettait pas assez de mépris dans sa voix, elle avait protesté. Une discussion vive s'était engagée. Brusquement, Visconti s'était écrié : « Vous ferez exactement comme je vous dis et rien d'autre. »

Elle avait cédé.

De quoi, de qui se venge-t-on au cours d'une vie ?

A la fin du tournage, Luca l'avait invitée à dîner. Au dessert, il avait pris sa main et glissé à son doigt une bague de bois incrustée de pierres précieuses, cadeau de sa mère. Jamais depuis elle ne s'en était séparée.

Boccace l'avait changée du tout au tout. D'un bout à l'autre du film, dans des vêtements élégants ou nue, elle s'était sentie totalement harmonieuse. Son amour pour Alain, toujours très grand, ne remplissait plus sa vie entière. Elle était heureuse avec lui mais elle était également formidablement bien sur un plateau. Ce bonheur qu'elle éprouvait sans lui était déjà un signe de l'agonie de leur liaison. Elle ne le comprenait pas encore. Elle se sentait femme, belle, forte. Pour la première fois, afin d'incarner la Puppi de Boccace, elle avait été habillée par Coco Chanel. Sa rencontre avec Mademoiselle resterait pour toujours présente dans sa mémoire, inoubliable. Une silhouette menue, un regard, des gestes courts, esquissés, une voix jamais trop haute, un magnétisme qui faisait tomber les êtres malgré eux sous son autorité.

En dépit de son rayonnement de jeune star, elle avait été intimidée, maladroite en face d'elle. Les yeux noirs l'avaient en un instant toisée, jaugée. La gloire, la renommée, n'avaient aucune importance, ce que Mademoiselle Chanel cherchait était la femme, la femme qu'elle pouvait, par sa magie, faire naître. Y avait-il promesse de femme dans la jeune fille maladroite qui se tenait devant elle ? Saurait-elle un jour, cette petite Allemande amoureuse, défier les hommes, les maintenir où elle le désirerait aussi longtemps qu'elle le désirerait ? Aurait-elle la notion du jeu, le goût du duel, le sens de la tactique ? Pourrait-elle faire d'une banale histoire sexuelle un moment parfait ? Les regards qu'elles avaient échangés contenaient ces questions et leurs réponses. Mademoiselle avait cru en Romy, Romy avait fait confiance à Coco Chanel.

Les costumes de *Boccace* l'avaient enchantée, elle se trouvait femme sans être dame, sensuelle sans être provocante. Luchino, Alain, les deux hommes qu'elle aimait le plus, la trouvaient belle. Souvent, elle avait revu Coco Chanel. Petit à petit, elles avaient fait connaissance. Ce qui l'attirait dans cette femme dure et volontaire était la part de secret qu'elle avait su préserver, cette habileté à ne donner que ce qu'elle voulait donner et quand elle le voulait. Sa façon à elle, Romy, d'aimer, de s'enthousiasmer, lui était étrangère. Sans doute avait-elle été amoureuse, ses liaisons étaient de notoriété publique, mais qu'avait-elle vraiment investi d'elle-même dans ces relations ? La réponse était difficile, l'eau du puits restait trouble.

Chez Mademoiselle, les silences, les sous-entendus, les mots définitifs, tout était confus, on supposait lui plaire tout en en doutant. Jamais de certitudes. Son pouvoir était cette perplexité qu'elle laissait aux autres, même à ses amis les plus chers. On ne pouvait dire qu'on la possédait. L'a-t-elle aimée ? Oui, comme on aime ce qui est son contraire.

A cette époque, elle était peu de chose en face de Coco Chanel, mais cette femme vieillissante l'émouvait : un être qui ne baissait pas les bras, faisait face à la solitude, à l'âge, avec une énergie exemplaire. Elle sentait en elle une force semblable à celle qui animait Chanel. Elle non plus ne voulait pas céder à la vie, n'acceptait pas de se laisser emporter. Où est ce courage qui l'habitait alors ? La petite chèvre est fatiguée de se battre. A l'aube, peut-être s'allongera-t-elle pour se reposer.

En 1971, elle avait appris la mort de Grande

Mademoiselle, seule dans une chambre du *Ritz*. Lasse de lutter, celle-ci avait cédé tout d'un coup, avait décidé de ne plus vivre comme on décide de ne plus aimer. Les miroirs reflétaient une image qu'elle ne reconnaissait plus, ses robes, ses tailleurs semblaient vides d'elle-même, ses bijoux, ses perles, des objets étrangers. Tout autour d'elle, le grand hôtel vivait. On s'y aimait, on s'y querellait, on s'y quittait, on s'y espérait. Les ondes passaient devant sa porte sans l'atteindre, elle était sur une île, derrière de hauts murs, ne sachant plus le monde qu'à son bruit lointain, diffus. La seule possibilité de départ était de s'envoler comme un goéland, pour toujours.

Aussitôt après la dernière représentation de *Dommage...* Alain partait pour tourner l'*Éclipse,* elle-même allait en Normandie pour commencer *le Combat dans l'île,* premier film d'Alain Cavalier, un ancien assistant de Louis Malle. Le scénario contait les hostilités entre les membres d'un réseau d'extrême droite. Si le sigle O.A.S. n'était pas prononcé dans le film, les personnages interprétés par Jean-Louis Trintignant et Pierre Asso ne laissaient planer aucun doute sur leurs convictions politiques. Les œuvres osant aborder un tel sujet étaient rares et courageuses. Elle tenait le rôle d'une femme amoureuse d'un syndicaliste que son mari militant activiste finissait par éliminer. Le romantisme de la révolte, l'éveil d'une vocation de tueur chez un homme l'avaient intéressée. « Romy Schneider est soudain parmi nous la jeune femme moderne, quotidienne et poétique », avait écrit un critique. Ce film n'était pas un chef-d'œuvre, mais à ses yeux, il était cependant très bon. *Le Combat dans l'île* traitait de la réalité française moderne comme *Hiroshima mon amour* traitait de la réalité humaine moderne.

Puis elle avait accepté, par défi, par souci, d'apprendre encore plus, de jouer *la Mouette* avec la compagnie Sacha Pitoëff. Alain, qui devait être son partenaire, avait dû se récuser. Elle se retrouvait seule à l'aube d'une série de répétitions ardues et d'une longue tournée en province, mais elle avait dit oui à Pitoëff et un oui de sa part avait été, serait toujours définitif.

VI

« Le Procès »

La tournée de *la Mouette* lui laissait le souvenir d'une épreuve de force, d'une lutte incessante contre sa fatigue et son envie de rentrer à Paris, d'être avec Alain dans leur nouvelle maison de l'avenue de Messine. Il faisait froid, les théâtres ou les cinémas où elle jouait étaient souvent lugubres. A chaque étape, elle épinglait dans sa loge la photo d'Alain et un télégramme reçu de lui : « De toute mon âme et de toutes mes forces, avec toi ce soir et pour toujours », signé « ton mari ».

Alain tournait *Marco Polo* et elle se sentait abandonnée. Elle attendait avec anxiété son appel téléphonique, un de ces appels fiévreux, tendres, interminables qui la laissaient désemparée, frustrée. Le 7 avril à Nice, elle avait été prise d'un violent malaise nécessitant un transfert immédiat dans une clinique. Alain était arrivé le jour même. Sa vie entière avait été jalonnée de ces maladies nerveuses soudaines, foudroyantes, véritables cris de détresse lorsque trop longtemps elle s'était dominée. Son corps l'emportait alors sur sa volonté et la forçait enfin à plier.

Comment gagner le pari fou de tout savoir et de tout conserver ? Avec la maturité, elle sait que l'amour exige la présence de l'autre, non pas constante, mais fréquente, afin de ne pas perdre le goût, le bonheur de lui. Le cœur et les pensées sont jardins. Sans fleurs, sans promeneurs, sans enfants ils deviennent cimetières. Alain et elle s'étaient perdus parce trop rêvés, trop attendus. A tenir tête à la vérité, ils avaient affronté le pire des dangers, l'invention d'un amour n'ayant plus de ressemblance avec eux.

La tournée achevée, elle était revenue avenue de Messine. Le tournage de *Marco Polo*, le beau film d'Alain avait été interrompu. Ils se retrouvaient. Elle était heureuse. Elle avait prouvé à tous que, devenue si vite célèbre, la petite Schneider avait quelque chose dans le ventre. Elle se sentait prête désormais pour aller plus loin encore.

Le télégramme d'Orson Welles lui proposant un rôle dans *le Procès* était arrivé à ce moment-là. C'était un bonheur fou : Orson Welles !

Jamais encore elle ne l'avait rencontré mais elle avait vu *Citizen Kane, Macbeth* et *Othello*. Tout de suite, elle avait pensé qu'il lui destinait le personnage de Leni.

Trois jours avant le début du tournage, elle n'avait pas encore fait la connaissance du grand metteur en scène. A l'*Élysée-Matignon* alors qu'elle prenait un verre avec des amis, un homme énorme, accompagné d'une dame élégante et mince avait descendu l'escalier. « Orson Welles et Marlène Dietrich ! » avait murmuré quelqu'un. Elle n'avait pas eu le courage de se lever et d'aller se présenter.

Au studio, il l'avait saluée d'un « Hello Leni ». Pendant toute la réalisation du film, il ne l'appellerait que Leni. Ils avaient commencé le tournage le 26 mars aux studios de Boulogne. Elle avait persuadé Orson Welles de tenir le rôle de l'avocat. C'était un grand succès personnel ! Il lui avait donné un dollar pour ce contrat qu'elle avait réalisé. Jamais elle n'avait été aussi fière d'un argent gagné.

L'image qu'elle garde du *Procès* est le visage d'Orson Welles, gros plan familier et effrayant, puis viennent à sa mémoire ses gestes pleins d'autorité, sa façon de manier la caméra, la faisant courir, virevolter, foncer pour attraper un visage ou se ruer dans un décor démesuré, traquer un détail grotesque ou délicat plus révélateur sur l'histoire et les personnages qu'un quart d'heure de dialogue, introduisant l'insolite, le fantastique dans le quotidien. Enfin elle entend sa voix, cette voix inoubliable disant en guise de conclusion au générique qu'il s'était inspiré d'un roman de Kafka puis concluant : « My name is Orson Welles. »

Aujourd'hui, Welles jouait dans des films publicitaires. Assis devant une table, gros et rond, il levait son verre de vin. Il ne faisait plus de films. « Je ne peux pas jouer ce que je veux et ce qu'on me propose, je n'en veux pas[1]. » Il avait raison.

Le tournage se poursuivait en Yougoslavie pour les extérieurs et enfin dans les sombres locaux de la gare d'Orsay à Paris. L'équipe était magnifique : Anthony Perkins, Jeanne Moreau, Suzanne Flon, Madeleine Robinson.

Avec Anthony Perkins, elle avait des scènes d'amour très crues, mais depuis *Boccace,* elle avait compris qu'elle pouvait tout jouer. Elle aimait se battre, elle était courageuse, un vrai petit soldat, une « bochesse » comme disait son ami Jean-Claude Brialy. Orson savait qu'il pouvait lui demander ce qu'il voulait. Il lui faisait répéter le rôle de Leni des heures durant et elle obéissait, machine docile et passionnée.

1. *Match,* 8 mai 1981.

Si le metteur en scène avait tous les droits, avec Alain, elle se cabrait de plus en plus souvent. Leur amour les épuisait : séparation, coups de téléphone éperdus, retrouvailles, ils avaient tout connu, tout amené à la destruction en épuisant leur propre substance. L'orage était passé maintenant mais l'arbre, demeuré penché dans la direction du vent, ne se relèverait jamais tout à fait. On avait dit, écrit tant de choses sur leur liaison, tant de sottises ! Tout ce qu'elle haïssait : la conception dualiste du bien, du mal, du noir, du blanc, l'habitude ridicule d'expliquer l'inexplicable, de moraliser, de jouer aux prophètes du malheur, tout cela lui avait été infligé à longueur d'années, à longueur de pages dans les journaux : « Alain-Romy, c'est fini ! » ; « Romy pleure son amour perdu » ; « Magda avait raison ». Raison, quelle raison ? Qui osait parler de raison en évoquant leur passion ? L'un et l'autre, ils s'étaient donné tous les droits. Les conventions, les politesses des autres ne pouvaient être les leurs, ils se sentaient différents, plus jeunes, plus beaux, plus libres, plus doués que tous ces critiques qui les harcelaient.

Le Procès avait eu un immense succès. Elle-même obtiendrait un an plus tard pour son rôle de Leni un grand prix d'interprétation féminine étrangère. L'Étoile de cristal de l'Académie du cinéma, que lui remettrait Georges Auric : la première de ses récompenses.

Alain et elles avaient fixé une date pour leur mariage mais ils ne parvenaient pas à la respecter. Ensemble ils avaient abandonné leur projet. Ils s'affrontaient de plus en plus souvent, de plus en plus fort, mais leur relation ayant toujours été terriblement tumultueuse, ils ne savaient plus très bien où ils en étaient. Il suffisait qu'Alain rentre de voyage pour qu'elle court le chercher à l'aéroport.

Amour-travail, monde clos, étouffant, éprouvant, terriblement égoïste, dont elle ne sortait que pour de brèves vacances à Mariengründ. Mais là encore, elle se heurtait à ses parents.

Daddy Blatzheim gérait sa fortune, lui consentant une somme fixe de 6 000 francs chaque mois. Elle ne s'occupait de rien, ne lisait pas les relevés de banque, signait simplement au bas des documents que lui tendait son beau-père. Il avait acheté pour elle des terrains à Ibiza, des parts dans des restaurants. Magda se félicitait de tant de sagesse. Grâce à son mari, sa petite Romy serait opulente, pour toujours à l'abri du besoin. Leur souci certain de prospérité, de respectabilité lui semblait à l'opposé de sa propre conception de la vie, conception nouvelle acquise au contact d'Alain, plus superficielle que réelle. Les liens encore tenaces qui l'attachaient à sa famille étaient au-delà de sa volonté. Malgré de multiples brouilles et disputes, jamais elle n'avait pu couper définitivement avec eux. Moins elle se sentait en sécurité auprès d'Alain, plus elle tendait à revenir vers eux.

L'Amérique la réclamait, elle devait aller y présenter Boccace au début de l'année 1963. On lui préparait un accueil chaleureux, elle était heureuse d'y retourner, heureuse d'y être reconnue. On allait lui proposer des contrats, des vrais, des solides, pas les vagues promesses reçues lors de son dernier voyage. Alain était très demandé également. Ils se parlaient parfois au téléphone, parfois également ils ne parvenaient pas à se joindre, se laissaient des messages. Absence, vide, arrivée d'Alain, bonheur fou, amer, désespéré, séparation à nouveau, l'agonie d'une histoire d'amour. L'agressivité remplaçait la tendresse, l'amertume le plaisir. L'autre devenait celui qui frustrait, qui blessait. Toutes les rancœurs, les mots tus, les pensées refoulées jaillissaient, entraînant le mépris de soi-même pour être devenu ainsi misérablement petit.

Elle était heureuse peut-être, ou peut-être pas, elle n'avait pas le souvenir de s'être posé de véritables questions sur le bonheur. Lui suffisait l'instant présent qui l'entraînait tour à tour vers des sommets ou des gouffres. Elle buvait alors un verre de champagne ou allait faire des courses, acheter des robes. Elle voulait être belle, simplement pour plaire. Elle savait être élégante, parce qu'il le fallait, parce que cela faisait partie de son métier, mais lorsqu'elle ne tournait pas, lorsqu'elle ne sortait pas, les vêtements perdaient de leur importance. Elle aimait cependant les défilés de mode, le choix, les essayages. Cela la stimulait, l'excitait.

Elle éprouvait le besoin à cette époque, comme toujours, de vivre en état permanent de tension. Un but, un objectif lui étaient toujours nécessaires pour ne pas se sentir dans le vide. Le matin, dès son réveil, elle examinait mentalement sa journée. Si elle était inoccupée, son humeur devenait maussade. Si elle était appelée à se rendre sur un tournage, à synchroniser un film, à partir en voyage, elle se sentait alors au mieux de sa forme. En vacances, le face-à-face avec elle-même lui était insupportable.

Le Procès était un film inoubliable pour elle. Elle espérait tant de sa nouvelle carrière ! Orson Welles était et serait pour toujours un des êtres qu'elle admirait le plus.

« Si Orson Welles me demandait de jouer un petit rôle de rien du tout ou encore d'être sa vedette sans recevoir un sou, je laisserais tout tomber et j'accepterais. » Elle avait prononcé ces mots en 1966, mais maintenant encore elle le ferait.

VII

Hollywood

Son départ pour Hollywood avait eu lieu en février 1963. Elle était partie angoissée, seule. Ni Magda ni Alain ne l'accompagnaient. Ce voyage lui avait semblé une opportunité extraordinaire. Avec le recul du temps, elle voyait clairement qu'il n'avait laissé en elle aucune trace profonde. Visconti, Welles étaient les véritables repères dans la montée d'une carrière si dense, si « complète » qu'il lui était difficile encore de démêler le génial du bon, le bon du médiocre. Le temps le ferait pour elle. Chaque film avait été une gageure qu'elle avait voulu absolument soutenir, une pièce dans le puzzle de sa vie. Sans doute celui-ci prendrait-il toute sa valeur, sa clarté lorsqu'elle y poserait le dernier morceau.

En 1963, l'année de ses deux voyages successifs à Hollywood, elle avait perdu la naïveté, la rondeur, la grâce de l'adolescence, mais son visage de femme n'était encore qu'esquisse. Elle était belle, d'une beauté standardisée, presque banale, que l'Amérique allait tenter de normaliser un peu plus. C'était l'époque de la gloire de Doris Day, de Debbie Reynolds, critères américains, sex-appeal gentil, rassurant, sain. Maintenant, elle pouvait dire combien elle détestait cette image d'elle, mais à ce moment elle était prête à s'y identifier totalement si cela était nécessaire pour une réussite hollywoodienne. L'examen esthétique ou philosophique d'une chose, d'un engagement ne peut se faire que lorsque vient le recul. Elle ne pouvait en avoir encore. Sa relation moribonde avec Alain faisait d'elle une femme constamment sur la défensive. Leur liaison avait atteint ce paroxysme d'avant la chute brutale ou plutôt cette oscillation entre passion et hostilité, si intense par sa violence qu'elle reste incertaine et difficile à évaluer. Tous leurs amis pressentaient la fin de cet amour avant qu'eux-mêmes n'en fussent convenus. Devant l'agressivité, elle se montrait agressive, devant la violence, elle était violente. L'Autre, à la fois désiré et rejeté, prenait tout pouvoir sur elle.

Juste avant son départ pour l'Amérique, Daddy Blatzheim, comme s'il avait attendu le moment précis où elle se trouvait particulièrement vulnérable, jetait son pavé dans la mare. « Les fiançailles d'Alain Delon et de Romy Schneider sont rompues et j'espère que c'est pour de bon. »

Elle avait lu ces mots dans la presse et la colère l'avait fait bondir. De quel droit cet homme se mêlait-il incessamment de sa vie ? Magda devait le supporter puisqu'il était son mari, mais elle, sa belle-fille, n'avait aucune raison de le faire.

Aussitôt, malgré les soucis des préparatifs de son voyage aux États-Unis, elle avait rédigé un démenti.

« M. Blatzheim, le second mari de ma mère, n'avait absolument aucun droit et encore moins de raison de faire la déclaration transmise hier. Je démens formellement les propos tenus par cet homme. S'il est exact que je sois seule en ce moment, c'est pour préparer mes deux prochains rôles qui sont très difficiles et mon départ pour New York. Ce genre de séparation n'est malheureusement dans la vie des acteurs que trop normal et trop connu pour qu'il soit utile d'en parler.

« Je témoigne ici que ce qu'annonce M. Blatzheim n'est pas vrai. La vérité, la voici :

« M. Blatzheim serait trop heureux que son annonce soit fondée.

« S'il y a une séparation et cela pour de bon, c'est entre M. Blatzheim et moi[1]. »

C'était sans appel. Elle n'aurait pu exister une seconde de plus sans remettre Blatzheim à sa place. Toute une hostilité sourde, dissimulée en

1. *Paris-Jour*, 6 février 1963.

raison de sa tendresse pour Magda, jaillissait, irrépressible, arrachant le masque de l'affection familiale. C'était probablement regrettable mais la conscience qu'elle avait désormais de le détester dénuait leurs rapports de toute hypocrisie. Ils se refusaient l'un l'autre.

Blatzheim avait riposté, confirmant à la presse ce qu'il avait soutenu : « Rien ne va plus entre Romy et Alain ! »

Son démenti à elle était démenti :

« Je m'insurge, avait-il dit, contre les déclarations de Romy, rédigées d'ailleurs par sa secrétaire. L'idylle est morte. Je répète que, lors de plusieurs communications téléphoniques avec sa mère, Romy a déclaré qu'elle avait rompu avec Alain Delon et quitté le domicile du 22, avenue de Messine à Paris. »

La presse plaisantait : « Tout cela tourne à la farce ! »

Blatzheim l'avait blessée dans son orgueil, elle avait mis longtemps à l'oublier avant de pardonner une fois encore à cause de Magda.

Elle était partie pour les États-Unis, tourmentée, pensant à Alain. Tout en sachant très bien que l'avenir sans doute les séparerait, elle n'était pas prête pour une rupture. L'enlisement lui semblait préférable à la noyade et l'illusion que le durable puisse encore émerger du chaos la rassurait.

En Amérique, l'afflux des rendez-vous, ses apparitions à la télévision dans le *Today Show* de Johnny Carson ou l'émission de Merv Griffin, les louanges, les projets abordés, l'avaient distraite de ses obsessions amoureuses. Elle était accaparée du matin au soir et d'une certaine façon très heureuse.

Avec le passage du temps, cette réflexion s'impose clairement à elle : l'investissement forcené mis dans ses histoires d'amour, ses exaltations, ses anxiétés, ne lui ont pas apporté l'équilibre donné par sa réussite professionnelle. Dans ses passions demeurait toujours avant, pendant et après, une ambiguïté, une sorte de volonté désespérée de jouer l'impossible, de triompher là où tout le monde échouait pendant que des forces négatives en elle dirigeaient inévitablement ses relations vers l'échec. Elle aurait désiré vivre des histoires simples et douces alors que son comportement était toujours obscur et violent. La plupart du temps, elle avait le plus grand mal à recevoir l'amour, à l'accepter.

Sa participation appréciée dans *les Vainqueurs,* le premier film américain qu'elle venait d'achever, lui donnait un poids supplémentaire pour négocier ses contrats. *Les Vainqueurs* avait été tourné à Londres, au bord de la Méditerranée, en Normandie, à Ostende et à Berlin. Elle tenait le rôle de Régine, une petite violoniste belge et avait appris à jouer au violon une mélodie d'Anton Dvorak, *Humoresque.* Tout était possible lorsqu'elle le voulait vraiment.

Ce monde de fin de guerre évoqué dans le scénario, elle le connaissait pour l'avoir vécu, lorsqu'elle était encore une enfant. Elle se souvenait de tout d'une façon très précise. La réquisition de Mariengründ par l'armée américaine, l'installation de leur famille dans une maison amie, la honte, non seulement d'être parmi les vaincus, mais celle, plus vénéneuse, de pressentir l'horreur sans la connaître encore dans toute sa brutalité.

Conseillée par Georges Beaume, son ami et agent, elle avait finalement accepté de signer pour *le Cardinal* d'Otto Preminger, Viennois installé aux États-Unis, puis pour *Good Neighbor Sam (Prête-moi ton mari)*, une comédie avec Jack Lemmon comme partenaire, réalisée à Hollywood même, en fin d'année. Son contrat avec la Columbia portait sur sept films et stipulait qu'il pouvait être renouvelé par elle selon ses désirs et disponibilités. Elle était grisée.

Le voyage de retour avait été euphorique. 1963 était une année bénéfique pour elle, une année de grand travail, mais l'éloignant doucement, inexorablement du paradis perdu de ses amours. C'était aussi, la fin d'une époque d'illusions, l'année de la mort du pape Jean XXIII, de l'élection de Paul VI, de l'assassinat du président Diem et de son frère à Saïgon et de l'assassinat du président John Fitzgerald Kennedy à Dallas.

Dès son retour en Europe, elle avait commencé les prises de vues du *Cardinal* tiré du roman d'Henry Morton Robinson paru en 1950, racontant l'histoire d'un prêtre en lutte avec sa conscience, dans la période trouble des débuts de la Seconde Guerre. Elle jouait le rôle d'Anne-Marie Ledelin une jeune femme amoureuse du prêtre et tentant de le détacher de l'Église, avant d'épouser un juif allemand qui, désespéré par la montée du nazisme, se suiciderait. Pour la seconde fois elle remontait sa mémoire. Obscurément, elle était porteuse de cette mauvaise conscience allemande, évidente, informulable, blessante. Les ruines avaient laissé des ruines, la vérité une odeur de message, les larmes de guerre, un sillon ineffaçable.

Le tournage du film s'était achevé fin avril. L'été elle avait accepté, juste avant de se rendre à Hollywood, une croisière sur la Méditerranée en compagnie de Sam Spiegel, William Wyler et Henri-Georges Clouzot. Elle avait eu le coup de foudre pour Clouzot comme autrefois pour Visconti. Il était fougueux, dominateur, orgueilleux, il pouvait la faire souffrir, elle l'admirait. Un soir, alors qu'ils prenaient un verre, que tout était paisible autour d'eux, doux et facile, il lui avait confié : « Je suis en train d'écrire un scénario. Le film s'appellera *l'Enfer.* Il y a là-dedans un rôle que j'aimerais vous voir interpréter. »

Leurs mains s'étaient jointes un instant. Bien sûr, elle tiendrait ce rôle. Il pouvait compter sur elle. Les prises de vues devaient démarrer au printemps 1964, auparavant, elle aurait le temps de tourner à Hollywood *Prête-moi ton mari*. Au retour de leur croisière s'achevant à Monte-Carlo, elle devait rencontrer son frère alors étudiant en médecine à Bâle. La dissemblance de leurs deux vies après une enfance aussi étroitement unie les rendait tout à fait naturels et vrais l'un en face de l'autre. Il ne pouvait y avoir dans leur relation ni comédie, ni jalousie, ni rivalité. Wolfi était son petit frère, seulement son petit frère.

Alain était alors à Madrid pour y tourner *la Tulipe noire.* Un matin, en parcourant le journal, elle avait découvert une photo d'Alain, assis dans le fauteuil pliant marqué à son nom, une femme sur les genoux. Le cliché était assorti d'un commentaire de circonstance : flirt, amour ?

Malgré l'habitude qu'elle avait de ce genre de liberté de la part d'Alain, son cœur s'était serré. Une sorte de pressentiment la bouleversait. Elle avait haussé les épaules, le sentiment de sa dignité, l'orgueil une fois de plus l'emportaient.

Elle avait replié calmement le journal, arrêtant sa pensée. Inévitablement, les larmes lui revenaient, entre deux rires, entre deux enthousiasmes, comme le pardon de ses bonheurs.

Le soir même, elle avait reçu d'Alain un appel téléphonique. Il riait, il prenait les devants pour ne pas la laisser s'emporter. De lui-même, il avait parlé de la photo : ridicule. Un jeu. Il savait qu'elle comprenait. Comprendre, oui, elle comprenait, il le fallait bien, mais le déception était là, elle n'avait pas eu la faiblesse de rire. Alain avait senti qu'elle était vraiment blessée. Le lendemain, il était à Monte-Carlo, entrait par surprise dans sa chambre, la prenait dans ses bras. La folie revenait, chassant l'amertume, la lucidité. Leur bonheur devenait désespéré. Alain était devenu pour elle une sorte de défi permanent : jusqu'où pouvait-elle aller ? Si peu d'intimité vraie les unissait désormais. Ils étaient attachés l'un à l'autre par des souvenirs et cette tendresse tissée par le fil des années. A vingt-cinq ans, elle ne pouvait se contenter longtemps de ce genre de relation.

A Rome, ils avaient eu un dernier rendez-vous. On ne sait jamais avec certitude que le rouleau a dévidé tout son fil, on le pressent seulement. Ces dernières retrouvailles n'avaient été qu'ordinaires, ni l'un ni l'autre n'avaient su ou pu allumer un dernier feu d'artifice pour célébrer la fin d'une histoire d'amour.

Alain l'avait accompagnée jusqu'à son avion

pour Los Angeles. Les circonstances semblaient tout à fait normales, rien n'avait changé, tout était autre cependant. Elle avait plus envie de pleurer que de sourire.

Après le premier émerveillement dû à la découverte de sa somptueuse villa, de sa « suite », chauffeur, gouvernante, secrétaire, valet, soubrette, la réalité d'un travail acharné s'était imposée. Les horaires stricts du studio ne lui laissaient aucune liberté. Lever à cinq heures, tournage de sept heures du matin à dix-huit heures, parfois plus tard. Aucun retard n'était accepté.

Le soir, elle rentrait harassée, prête à renoncer, afin d'essayer de dormir, aux divers cocktails et « parties » organisés sans cesse à Hollywood. Alain téléphonait, parlait de choses et d'autres. Des rumeurs parvenaient jusqu'à elle : on le disait fiancé à la fille qui était assise sur ses genoux, une certaine Nathalie Bartelemy. Elle écrivait à minuit, morte de fatigue, des lettres pleines de sarcasmes : « J'espère que je vais m'amuser en Amérique autant que toi en Espagne[1]. »

Elle était là, au cœur du monde du cinéma et elle n'avait ni le temps ni la disponibilité d'esprit de s'en rendre compte exactement. C'était cela la vie, des espérances violentes, enivrantes qui, lorsqu'elles se réalisaient, per-

1. Interview Romy Schneider, *Confidences*, 13 février 1966.

daient toute réalité. La lumière venait toujours de l'extérieur. Le chemin de l'existence était un parcours mythique dont le sens se dévoilait à la dernière page.

Des moments excitants, elle en avait toutefois pleinement vécus en Amérique : dîners avec des hommes dont le nom était sur toutes les lèvres, dans des restaurants de luxe au bord du Pacifique, soirées dans des villas de rêve, tout un monde de cinéma entre la réalité et la fiction.

Jack Lemmon avait organisé une réception en son honneur : William Wyler, Otto Preminger, Charlton Heston, Edward G. Robinson s'y côtoyaient. L'air était doux, la villa de Jack somptueuse. Romy se savait à la fois importante et dérisoire dans cette société impitoyable, séduisante et névrosée. Alain et sa « fiancée » étaient à des milliers de kilomètres, la fatigue, l'énervement, les incessantes sollicitations lui faisaient perdre un peu plus de son importance. L'amour avait besoin de présence chaleureuse, inventive. De cela, à plus de quarante ans, elle est désormais totalement convaincue. Ceux qui justifiaient les vertus de l'absence ne savaient ou ne pouvaient pas aimer. Une par une, les séparations l'avaient arrachée d'Alain.

A Hollywood, elle avait observé, compris beaucoup de choses. Les comédiens s'imposaient des règles de conduite très sévères pendant les tournages. Un film était une entreprise représentant un énorme investissement dont chacun, du simple technicien à la vedette, partageait la responsabilité. Les acteurs n'arrivaient pas sur le plateau sans avoir répété leurs rôles avec une inlassable patience professionnelle. Ni négligence ni fantaisie n'étaient possibles.

Elle avait découvert les fameuses méthodes de l'Actor's Studio, éloignées de son approche personnelle du métier de comédien par ce qu'elles représentaient de composé, d'artificiel, mais qui se révélaient extrêmement puissantes dans leur utilisation. L'individu n'existait plus, il devenait à la fois la partition et l'instrument.

Beaucoup plus tard, en face d'Harvey Keitel, dans *la Mort en direct,* elle avait été déconcertée par son jeu. C'était le même effort de concentration, la même volonté de disparaître pour devenir le personnage, un personnage formé d'une suite de gestes, de mots, de regards disséqués, créateurs de l'émotion. Chez elle, c'était l'émotion qui créait le personnage, faisant naître les mots, les gestes et les regards. Harvey et elle avaient joué en face l'un de l'autre des rôles difficiles sans avoir vraiment d'échanges.

Sur le plateau, elle n'avait guère besoin de se concentrer, son jeu était le fruit spontané d'une longue réflexion, d'une série de sentiments accumulés depuis la première lecture du scénario, des sentiments tellement intenses qu'ils jaillissaient d'elle comme une gerbe. La matière première était en elle, riche, féconde, mais il fallait la façonner encore et encore, jusqu'à la perfection. « Miss Worry », l'appelaient les Américains, « Mademoiselle Inquiète » ; jamais elle ne pensait pouvoir réaliser son désir d'absolu et cependant là résidait son propre accomplissement. De là venaient ses impatiences et ses violences, non contre les autres, mais contre elle-même. Elle avait le culte de la perfection.

A Hollywood, la religion la plus couramment pratiquée était celle du succès d'où tout bonheur devait procéder. Tant pis si les fidèles se détruisaient en essayant de toucher leur dieu, l'homme n'avait aucune importance : ni sa dignité, ni sa fragilité, ni sa sensibilité ne lui donnaient la moindre valeur si son nom ne figurait pas dans les commentaires de presse des commères Louella Pearson et Hedda Hopper, les grandes prêtresses de ce culte.

Dans ce contexte, il était presque impossible de ne pas avoir la foi. Elle l'avait eue, elle avait espéré elle aussi devenir la première aux États-Unis, une nouvelle Dietrich. On le lui laissait espérer : trop de gens pouvaient bénéficier de ses triomphes pour ne pas tenter de la pousser, même sans y croire vraiment. Ils avaient tout à gagner, rien à perdre.

Good Neighbor Sam était une comédie. Rien dans le contexte de sa vie ne pouvait lui donner le génie de faire rire. Elle était gaie mais savait très bien que son sens de l'humour se heurtait à la barrière de son impétuosité, à son intransigeance. N'aimant pas la dérision, elle était incapable de la suggérer, incapable de se moquer. Son habitude de la caméra, son instinct du jeu, son désir constant de perfection avaient suppléé dans cette comédie son absence de goût pour la plaisanterie burlesque. Coiffée, maquillée, habillée à l'américaine, elle avait eu la sensation d'être seulement un produit, une sorte de substance chimique destinée à devenir une vedette. C'était raté ! Elle le savait et la lecture plus tard des critiques du film ne l'avaient pas surprise : « En tournant à Hollywood, Romy Schneider perd le charme profond et l'aisance qui sont siens... On a voulu aller à contre-courant de sa nature et en faire une comédienne pétulante et irrésistible. Elle est ridicule à chaque fois qu'elle rit à fausse gorge ou sautille, cherchant à imiter les actrices "pleines de pep" de la lignée de Doris Day[1]. »

Au milieu du tournage, elle avait eu la visite de Georges Beaume. Georges représentait pour elle beaucoup plus que son agent, il était son ami, son confident.

Un matin, comme elle allait se rendre au studio, elle avait entendu Georges parler longuement au téléphone avec Alain, de retour

1. *Cinéma 65*.

avenue de Messine. Il avait raccroché et elle s'était insurgée :

— Georges, pourquoi ne m'as-tu pas passé la communication ?

Pas de réponse, elle avait insisté :

— Il n'a pas demandé à me parler ?

Georges avait simplement changé un peu trop vite de conversation :

— Je te conduis tout de suite au studio, Romy, nous n'avons que le temps de partir !

C'était dans la voiture que Georges s'était enfin exprimé, longuement, sans la laisser intervenir. Elle n'en avait d'ailleurs pas l'envie. On ne lutte pas contre l'inéluctable.

Alain avait indiqué à l'agent l'existence d'une lettre qu'il avait cachée dans ses papiers juste avant son départ. Georges la lui remettrait le soir-même, il n'avait pas voulu le faire tout de suite pour ne pas trop la bouleverser avant sa journée de travail. Bouleversée ! Elle avait tourné au bord des larmes, comme une somnambule, cette comédie se voulant exubérante. Elle avait fait face cependant. Elle n'avait pas le choix.

A son retour du studio, Georges lui avait remis la lettre, une longue, longue lettre dont le deuxième feuillet était surchargé de ratures, de corrections. C'était une lettre de rupture.

Elle avait quitté Hollywood totalement désemparée. *Good Neighbor Sam* ne lui avait pas apporté les satisfactions professionnelles escomptées. Aucune gloire ne l'attendait en Amérique, seulement des seconds rôles et la lente dégradation d'elle-même. On avait essayé de lancer un objet de commerce en le parant de tous les attraits, si l'accueil des consommateurs n'avait pas été aussi enthousiaste que prévu, on le mettrait à l'écart, le condamnant à vivoter sans plus se soucier de lui. C'était la loi du marché.

A son retour à Paris, elle avait trouvé les roses d'Alain dans leur hôtel de l'avenue de Messine, une gerbe de roses avec un petit mot. Il lui avait fallu se durcir, sourire aux journalistes, dire des phrases anodines sur un ton détaché mais son désarroi, sa détresse étaient immenses. Elle avait besoin de n'importe quel soutien : alcool, tranquillisants, non pas qu'elle eût été surprise par cette rupture, mais en l'état de fatigue où elle se trouvait, tout tournait à la débâcle. La tension existant depuis des mois devant l'inévitable séparation cédait brutalement, elle n'avait plus que son travail auquel se raccrocher.

Elle était partie se réfugier sur la Côte d'Azur chez son ami Curd Jurgens.

VIII

« Triple Cross »

15 juillet 1966 : la petite mairie de Saint-Jean-Cap-Ferrat, le silence après le tumulte provoqué la veille dans la région par le mariage de Brigitte Bardot et de Günter Sachs. Juste quatre témoins dont Georges Beaume, pas de badauds, une cérémonie célébrée presque à la sauvette avant de retourner dans des voitures séparées avec Harry Meyen, son mari, de treize ans son aîné, sur le plateau de *Triple Cross*. Un trait tiré sur le passé, sur la folie, sur la passion, sur le désarroi et une certaine amertume.

Elle avait rencontré Harry au printemps 1965, à Berlin, lors de l'inauguration de l'Europe Center où son beau-père Daddy Blatzheim avait des intérêts. On les avait présentés : Harry Meyen, Romy Schneider. Ils s'étaient serré la main. Il avait une silhouette longue, sérieuse, une allure nonchalante de poète, un regard d'intellectuel. Pas de coup de foudre, une curiosité réciproque, des mots justes, une sorte de bien-être immédiat. Harry la rassurait. C'était lui cet homme austère, cérébral, qui la protégerait toujours, cicatriserait les blessures de la fuite d'Alain et de celle du père, de Wolf Albach-Retty, parti avec une autre femme, les laissant son frère Wolfi et elle orphelins. Leur mère, à l'évidence, était demeurée près d'eux mais c'était lui qu'elle voulait, lui dont elle rêvait. Magda, en ne sachant pas le garder, avait commis une faute grave, impardonnable qu'elle ne pouvait ni ne voulait cerner, définir avec des mots, mais dont la certitude pesait sur elle. Harry ne partirait jamais, sa présence comblerait les meurtrissures, les interrogations, la trop grande lucidité. Il serait plus qu'un homme : un refuge. Pour elle, il avait divorcé, quitté Anne-Lise Römer, sa femme. Ils allaient avoir un enfant et s'installer à Berlin juste après le tournage de *Triple Cross* où ils jouaient tous deux. Elle avait besoin de lui. Les conquêtes, les ruptures l'avaient fatiguée, elle recherchait la paix.

Alain était père, Paris n'intéressait plus Romy : « J'en ai assez de Paris, avait-elle déclaré à la presse. » La ville magique s'était vidée peu à peu d'elle-même, par épuisement, miracle désintégré : trop de passions brèves, trop de demandes, trop d'excitations, trop d'abandons, chaque fois un peu plus décevants, trop de désillusions...

Au printemps 1964 commençait le tournage

de *l'Enfer* avec Henri-Georges Clouzot, un scénario sombre, oppressant, pessimiste, comme lui seul savait les écrire. Elle ne parvenait pas à perdre son léger accent allemand, aussi la production avait-elle fait du personnage qu'elle interprétait une Alsacienne... Les essais avaient débuté à Nice en face de Raf Vallone et de Yves Montand. Tout de suite, elle avait été confrontée à la maniaquerie, à l'intransigeance de son metteur en scène. Il faudrait le subir pendant dix-huit semaines !

Le destin en avait décidé autrement. Serge Reggiani d'abord était tombé malade, puis elle avait éprouvé elle-même quelques malaises. Enfin ce fut Henri-Georges Clouzot qui fut terrassé par une crise cardiaque. Le tournage était définitivement interrompu. Aux craintes qu'elle avait ressenties se substituait une véritable déception. Pour oublier, elle sortait beaucoup, s'amusait, séduisait, se laissait griser. La presse citait les noms de ses soupirants : Serge Reggiani, Sammy Davis, elle s'en amusait. Les commères insinuaient même que Giovanni Volpi était entré dans les ordres à cause d'elle, par désespoir d'amour. Elle avait revu avec un plaisir immense Horst Buchholz, son premier amour. Que lui importaient les ragots, Horst était tellement proche d'elle ! Il lui rappelait un passé de bonheur et d'insouciance dont elle avait terriblement besoin et il la connaissait si bien...

Luchino Visconti la voyait souvent. Toujours projeté vers l'avenir, il n'y avait avec lui ni rabâchages sur le passé ni regrets. Il était lumière. Ensemble ils s'étaient passionnés pour le projet d'adapter à l'écran le livre de Hans Habe *la Comtesse Tarnowska*. « Le plus beau rôle confié à une actrice depuis Scarlett O'Hara », lui avait-il dit. Elle était enthousiasmée.

Marie Tarnowska était une femme fatale poussant les hommes au bout d'eux-mêmes jusqu'au point de non-retour. L'aimer c'était se perdre. Luca et elle avaient fait un pèlerinage sur sa tombe à Venise, l'un et l'autre la ressentaient d'une façon identique, ils aimaient presque d'amour cette comtesse russe qui, au début du siècle, avait provoqué une série de meurtres, de scandales et de suicides.

Rudolf Noureev avait accepté une participation dans le film dont quelques séquences devaient être tournées à Venise, ville de fêtes et de mort. Le personnage la fascinait, la Tarnowska possédait ce qu'elle n'aurait jamais : le détachement de tout ce qui n'était pas elle. Il y avait chez cette femme une absence de doutes qu'elle-même ne connaissait pas, non qu'elle n'eût pas de force intérieure (lorsqu'elle voulait quelque chose rien ne lui résistait), mais parce qu'au plus profond d'elle se tenait tapi un sentiment constant d'insécurité et de vulnérabilité prêt à l'amoindrir. Sa force était une série de coups d'accélérateur, pas une constante. Vulnérabilité, sensibilité, ses deux plaies jamais cicatrisées. On la décrivait comme une femme dure, agressive parfois ; elle se protégeait simplement par les mots, les gestes, les refus qu'elle pouvait opposer à ceux qui la harcelaient. Dans son métier, il fallait savoir attaquer pour ne pas être piétiné, on ne pouvait s'attendrir.

L'émotion cependant était là, permanente, à fleur de cœur, d'autant plus forte qu'elle devait rester enfouie. Elle jaillissait dans le travail ou dans l'amour, en public ou en secret. Les mots souverains bondissaient, innocents ou armés, parfois crus, parfois imposteurs, imprégnés de cette saveur du mensonge qui rend plus beaux les instants, maîtres ou esclaves selon leur intensité. Elle pouvait être pure, transparente, ou perverse, verser de vraies ou de fausses larmes, ne plus savoir très bien si elle était Romy ou Rose-Marie, la comédienne ou la femme.

Visconti avait dû abandonner le projet de la Tarnowska car aucun producteur ne lui offrait les moyens de faire ce film comme il le voulait. « C'est fini, Romina, il n'y aura pas de Tarnowska. » Elle avait pleuré, puis racheté les droits pour elle afin de garder encore une toute petite espérance. Ils étaient toujours en sa possession. Son humeur, passant du beau fixe au sombre, lui faisait déclarer successivement : « Je suis totalement heureuse » ou « La vie n'est pas si longue que cela... » Elle était impatiente de s'éprendre d'un nouveau rôle, avide de se passionner à nouveau.

En avril, elle était partie chez elle à Mariengründ. Depuis sa rupture avec Alain, elle avait retrouvé sa famille, ses souvenirs d'enfance avec bonheur. A Schönau, la vie reprenait comme elle l'avait laissée : organisée, saine, sportive, simple. On la gâtait, elle n'avait à s'occuper de rien, Magda l'écoutait, Daddy Blatzheim lui parlait des investissements qu'il faisait pour elle, Wolfi la taquinait, sa chienne dalmatienne Kira ne la quittait pas. La lumière, la courbe des montagnes, l'odeur de l'herbe, du bois, des troupeaux l'apaisaient tout à fait. Elle dormait, elle buvait moins, ne lisait pas les journaux, elle se trouvait bien, même si souvent elle se sentait seule.

Le 13 août, elle avait reçu un télégramme de Georges Beaume : « Aujourd'hui, je pense particulièrement à toi. » Elle n'avait pas compris. Sandra, sa secrétaire, y avait jeté un coup d'œil, elle semblait embarrassée : « Je crois que c'est aujourd'hui le mariage », avait-elle murmuré.

C'était donc cela. Alain se mariait ! Les autres ne comprenaient-ils pas que ce jour particulier était dépourvu de la moindre importance ?

Alain n'était plus à elle depuis longtemps, et l'absence de jalousie qu'elle éprouvait à son égard prouvait combien leur relation avait basculé vers la simple tendresse. Pourquoi se serait-elle affligée de son bonheur ? Violente, excessive, possessive, elle l'était mais jamais mesquine ni envieuse. Elle souhaitait à Alain et à Nathalie de se rendre heureux l'un l'autre.

A trois jours de son départ pour Monte-Carlo où elle devait à nouveau embarquer sur le yacht de Sam Spiegel, elle avait reçu le coup de téléphone d'un journaliste :

— J'ai une lettre d'Alain à vous lire.

Elle avait hésité entre le rire et le coup de colère.

Finalement, la curiosité l'avait emporté.

— Allez-y, lisez !

Il s'agissait d'une partie d'un manuscrit d'Alain, disparu du bureau de Georges Beaume et récupéré par un grand hebdomadaire. La fameuse « lettre » que cet homme voulait lui communiquer n'était qu'un court passage de ce manuscrit.

« Comment a-t-on pu oser parler d'une aventure entre Romy et moi ? Nous avons vécu un amour extraordinaire... A mon amour pour Romy s'ajoutait une admiration sans bornes pour la femme autant que pour l'actrice. Elle est et sera toujours pour moi la femme idéale... D'aucune femme je ne parlerai comme d'elle parce que cela paraîtrait prétentieux. Mais de Romy, je peux le dire : elle m'aimait tellement ! J'ai le droit d'affirmer que mon amour était aussi grand que le sien. Je souhaite qu'elle sache à quel point je l'ai aimée, à quel point je l'aimerai toujours. »

Elle avait simplement remercié son interlocuteur et raccroché. Qu'essayait-on de lui faire ressentir : de l'amertume, du trouble ? La presse voulait-elle la voir pleurnicher, se raconter à longueur de pages, accabler Alain ?

Durant la croisière, à chaque escale ses amis s'interposaient entre elle et les kiosques à journaux où s'étalaient en grandes pages de pseudo-confidences du genre : « Je l'aime toujours, jamais je n'ai cru qu'il allait se marier. » C'était ridicule, minuscule. Elle était incapable d'éprouver la moindre émotion devant ce genre de bassesse.

Sur le yacht, on lui avait proposé une participation dans un film britannique de Clive Donner : *Quoi de neuf Pussycat ?*, avec une pléiade d'acteurs de grand talent dont Peter O'Toole, Peter Sellers, Capucine, Woody Allen, Ursula Andress. Le tournage avait été amusant malgré un accident dont le souvenir lui-même restait divertissant : « C'est le métier qui entre », avait-elle dit lorsqu'elle était arrivée au studio une grosse bosse sur la tête. La veille, poursuivant un figurant dans une course folle en compagnie de Peter O'Toole, un projecteur était tombé sur elle. Peter O'Toole avait bondi mais il était trop tard. Elle était restée étendue par terre, une plaie dans le cuir chevelu saignant abondamment. Peter l'avait ramenée dans sa loge pour attendre l'arrivée d'un médecin : la plaie était sans gravité. Elle était sortie avec Peter O'Toole et toute l'équipe avait joyeusement fêté la nouvelle année 1965. Elle ne savait pas que quelques mois plus tard, elle allait rencontrer Harry.

Tout de suite, ils avaient fait des projets ensemble, des projets de théâtre extrêmement stimulants pour elle. Depuis longtemps, elle voulait monter sur une scène allemande, Harry lui permettrait de réaliser ce rêve.

Elle était bien avec lui, elle l'admirait. Pendant le tournage en Espagne de *Dix Heures et demie du soir en été*, d'après un roman de Marguerite Duras, il lui avait terriblement manqué et son humeur s'en était ressentie. Ni Jules Dassin, son metteur en scène, ni Mélina Mercouri sa partenaire ne parvenaient à l'apaiser. Harry téléphonait, elle attendait sa visite, elle maigrissait. A Saint-Tropez, le 13 juillet, ils avaient annoncé leurs fiançailles.

Elle travaillait beaucoup depuis leur rencontre, il la stimulait. Aussitôt amoureuse, le moteur repartait, elle voulait se surpasser, éblouir, pour mieux vaincre l'autre et surmonter ses doutes. Elle prenait des cours de danse avec Eugène Robinson, le danseur noir, des leçons de chant avec Mme Tosca Marmor, la célèbre chanteuse, des cours d'équitation au Polo. Elle voulait être prête à accepter une comédie musicale si on le lui proposait. Elle en rêvait : être une Judy Garland ou une Shirley MacLaine serait un accomplissement. Déjà Broadway lui avait demandé d'interpréter la version musicale de *Vacances romaines* mais, ne se sentant pas encore prête, elle avait refusé.

Harry et elle avaient le projet de monter, pour Noël 1965, *Mademoiselle Julie* de Strinberg à Berlin. Ensemble, ils triompheraient. Entre les absences d'Harry et l'excitation provoquée par ses projets, le temps semblait artificiel, arrêté, occupé sommairement par ses leçons, ses lectures, des interviews, des courses chez Chanel ou chez Balenciaga, l'aménagement de son appartement de l'avenue Hoche, rempli de livres et de peintures.

Avant *Dix heures et demie du soir en été*, elle s'était rendue avec Harry et Magda au festival de Salzbourg. Harry était passionné de musique. Elle reparlait l'allemand, sentait une harmonie totale entre sa mère et son fiancé. Les soirées étaient douces, la musique magnifique. La vie la comblait, Dieu lui avait tout donné ! Avec Harry, elle aurait des enfants, une famille, elle s'enracinerait dans la vie.

Des mots lui revenaient en mémoire, prononcés depuis longtemps déjà, mais toujours si importants pour elle, si nécessaires : « J'aurai deux enfants, un garçon et une fille. Si ma fille devient comédienne eh bien, nous tournerons un film avec maman, elle et moi. Ce serait merveilleux, je veux dire pour nous, bien entendu[1]. » Dès que Harry obtiendrait son divorce, ils se marieraient.

La paix, l'harmonie de Salzbourg s'étaient trouvées brutalement rompues en Espagne sur le tournage de *Dix heures et demie du soir en été*. Les journalistes la harcelaient, il faisait chaud. Elle ne se sentait pas bien, buvait, fumait un peu trop. Mélina Mercouri la dominait, elle la trouvait superbe, tellement sûre d'elle, cherchait sans cesse dans ses yeux une lueur d'approbation, de soutien. Harry l'aimerait-il toujours ? Les débuts merveilleux de l'amour posent inévitablement cette question et son énergie, sa volonté ne suffisaient pas pour lui donner une réponse. A nouveau, elle attendait le téléphone, à nouveau elle partait sur le tournage angoissée et frustrée.

Il était venu en Espagne.

« Voici Harry », avait dit Jules Dassin. Harry l'aimait donc. Pour quelques jours elle était apaisée. Une nuit dans Ségovie, harcelée avec Sandra sa secrétaire par les paparazzi, elle avait réagi violemment : « Je n'aime pas que les gens se mêlent de ma vie privée, cela me rend folle[2]. »

1. Interview Georges Beaume, avril 1958.
2. *Ciné-Revue*, 2 décembre 1965.

Elle fuyait les interviews, ne se mêlait pas aux joyeuses festivités de l'équipe. Mélina le soir dansait devant les femmes castillanes, secouant sa longue crinière, entraînant les autres dans des congas échevelées. Elle observait, un peu gauche, timide, orgueilleuse. Les journalistes écrivaient qu'elle était dure, amère. Elle avait besoin de solitude. Sa vie entière était en train de basculer, elle allait quitter Paris, s'installer provisoirement à Lausanne avant de rejoindre Berlin. C'était un choix difficile, nécessaire mais qui la tourmentait. En France, elle avait été heureuse, elle avait commencé à construire sa carrière. Que lui réservait l'Allemagne ? Elle rêvait de *Mademoiselle Julie,* elle était si fière de jouer ce rôle avec Harry comme metteur en scène. Alors, pourquoi cette inquiétude, pourquoi cette nervosité ?

A Lausanne, lorsque le pas avait été franchi, elle s'était apaisée. L'année 1965 touchait à sa fin. *Mademoiselle Julie* ne se monterait pas à Berlin. Pour atténuer la déception immense, pour penser à autre chose, pour travailler, elle avait accepté de tourner, sous la direction de Jean Chapot une œuvre adaptée et dialoguée encore par Maguerite Duras *la Voleuse*. C'est dans ce film qu'elle avait rencontré pour la première fois Michel Piccoli. Auparavant, elle avait dû refuser le film d'un jeune metteur en scène, *Un homme, une femme,* Claude Lelouch ayant été incapable de lui montrer un scénario écrit. Il n'avait pas été question d'accepter dans ces conditions. Le rôle avait été attribué finalement à Anouk Aimée.

Fin avril elle avait appris qu'elle se trouvait enceinte. Le mariage était décidé : Anne-Lise Römer acceptait le divorce.

IX

« La Piscine »

Été 1968.

Après deux années passées à Berlin, années de bonheur tranquille où son David était né, l'appel téléphonique d'Alain, lui proposant le rôle de Marianne dans *la Piscine* l'avait prise comme une tornade. Il venait juste au bon moment. Elle avait voulu, aimé ce repos, se consacrer à son fils, être l'épouse de Harry, quitter pour un temps le cinéma et sa folie. En France, on semblait l'avoir oubliée, en Allemagne on l'aimait à nouveau, mais elle refusait tous les scripts proposés. Romy Schneider était en vacances.

David grandissait. Il était né le samedi 3 décembre à la clinique Rudolf Virchow, juste après l'élection de Kurt Georg Kiesinger en tant que chancelier fédéral d'Allemagne. Au-delà de la fatigue et de la souffrance, elle se retrouvait en découvrant son petit garçon, comme si le nouveau-né, brisant son double, rendait sa mère à elle-même. Pendant quelque temps elle s'était sentie harmonieuse, lumineuse.

En remontant le passé, en fermant fort les yeux, l'image qui s'impose à la mémoire de Romy est une image paisible : le berceau, David endormi, le silence, cette paix tant recherchée, alors atteinte. Une trêve merveilleuse ressemblant à un arrêt définitif de l'angoisse, de cette peur d'un danger imminent, de cette inquiétude qui souvent l'avait traquée. Premier Noël préparé pour son enfant, un sapin, des jouets, des gestes heureux, traditionnels, semblables à ceux de tous, un monde retrouvé où personne n'a plus de singularité. Ils habitaient Grünenwald, le quartier résidentiel de Berlin, dans une maison où ils possédaient deux appartements contigus, l'un pour Harry et elle, l'autre pour David et sa nurse. Tout était si net dans ses souvenirs : la bibliothèque dans le salon, les grands bouquets de fleurs, le canapé de velours, les meubles anglais et la chambre de David avec les gravures naïves, le petit lit à barreaux. Les graviers de l'allée menant à la maison crissaient sous les pieds. Il y avait une grille, une pelouse et des arbres dressés abstraitement dans la clarté parfaite de ses souvenirs.

Depuis son précédent séjour, Berlin avait changé. Deux murs coupaient la ville, des barbelés, des miradors, des obstacles antichars. Tout un arsenal de périls. Grünenwald seul avait conservé son charme, avec ses arbres, ses fleurs, ses grandes maisons pour y faire grandir des enfants.

Deux années plus tard, après les premiers moments de bonheur avec Harry, elle s'était sentie prisonnière dans cette ville. Harry y travaillait, mais il pouvait également monter des pièces de théâtre à Hambourg. Ensemble ils avaient décidé de s'y installer. Sa vie n'avait ni point fort ni ennui. Elle aimait lire, s'occuper de David, parler de théâtre avec son mari et des amis. L'enfant grandissait, Harry faisait des projets, certains aboutissaient, d'autres pas. Les succès donnaient de petites joies, les échecs des frustrations amères. L'homme fort était fragile, il buvait pour retrouver son équilibre, posait des questions sans attendre vraiment leurs réponses. Le père, encore une fois, s'éloignait doucement, inexorablement. Elle redevenait la petite fille solitaire, orgueilleuse, un peu narcissique de Schönau. Qui aimer sinon elle-même ? Qui méritait son amour ?

La trêve s'achevait, il lui fallait repartir, sortir de chez elle, travailler, redevenir son double fascinant, merveilleux et dérisoire. Vivre. Berlin, puis Hambourg, Harry et même David n'étaient plus suffisants. En demeurant dans cet espace, elle se désintégrerait, redeviendrait Rose-Marie Albach, une femme lasse de ne plus croire en son mari, lasse de n'être que mère, maintenant qu'était mort, le 21 février 1967, son propre père.

Elle avait été voir Wolf sur son lit de mort, dans une clinique de Vienne. C'était un homme fantasque, un peu fou, qu'elle adorait. Surprendre, plaire semblaient ses seules préoccupations. Il téléphonait à son chien, ou, longuement, se coiffait, se faisait un visage. Il avait du talent, cette aptitude à la gaieté dont elle avait hérité. Beau, séduisant, son besoin d'être constamment rassuré était immense. Magda ne l'avait pas compris, elle n'avait pas su l'apaiser, elle l'avait perdu. C'était à son père, beaucoup plus qu'à Magda qu'elle ressemblait.

Dans ses rêveries d'adolescente, l'homme était son père : présence — absence, force — fragilité. Des cendres de leur vie commune inexistante se levait une hypothèse dont le poids très lourd s'accrochait à elle : l'amour était beaucoup plus réel lorsqu'il demeurait incertain, dans le domaine du futur. Une histoire d'amour n'était qu'une volonté désespérée de vaincre l'improbable en franchissant toutes les limites, d'immobiliser ce qui était changeant, d'arrêter le temps. Pourquoi vouloir si fort devenir l'autre, pourquoi avoir besoin de cette violence, de cette provocation, de cette fièvre ? Jamais elle n'avait pu vivre sans suractivité mentale, cette agitation de son corps et de son imagination. Aimer, c'était devenir multiple, être femme, toutes les femmes et toujours la même, vulnérable et nue, blessante et blessée. Aimer, c'était vivre intensément l'aventure fantastique du désir, du bonheur, de la douleur. Combien de fois l'avait-elle vécue, cette aventure ! Combien de fois avait-elle pris le risque fascinant d'aimer, de se déraciner pour chercher un enracinement définitif !

Son père enterré, elle avait commencé à regarder Harry plus lucidement. Pourquoi l'avait-elle tant voulu ? Parce qu'il était allemand, parce qu'il était juif, parce qu'il avait du talent ? Pour toutes ces raisons certainement et aussi, surtout, parce qu'elle l'avait aimé. Il était exactement ce qu'elle n'était pas, ne pouvait pas être ou n'était plus, une sorte de défi à son passé, à sa famille, à elle-même. Lorsqu'elle était partie tourner *Otley* en Angleterre, elle ressentait le besoin de retrouver une certaine liberté, de se mesurer à nouveau avec elle-même. Le scénario n'était pas ce dont elle rêvait, mais à cette époque elle ne pouvait se montrer trop exigeante. Comment accepter cet oubli après le triomphe des *Sissi* ? Les servitudes de la gloire s'estompaient, ne demeuraient plus que les regrets. *Otley*, comme tant d'autres choses, ne lui avait pas offert les joies escomptées : déception ancienne, familière. Jamais la réalité n'atteignait pour elle la hauteur de ses rêves, jamais elle ne lui apportait ce qu'elle en attendait. Avec le recul du temps, avec la maturité, la conscience extrême qu'elle avait des moments forts de sa vie, c'était cette impression qui se dégageait, qui jaillissait. La magie était plus intense, plus dense que le réel, et cette magie rendait la réalité illusoire. L'essentiel devenait le non-acquis, l'insaisissable. Comme elle-même, le monde possédait un double rêve.

Cette certitude personnelle, Romy ne l'avait pas encore à cette époque de sa vie, d'abord à Berlin, puis à Hambourg. Demeuraient l'angoisse, la colère brutale, l'agressivité et le besoin de s'étourdir en riant, en buvant, en faisant semblant de croire qu'elle allait enfin jouer cette pièce géniale qu'Harry mettrait bientôt en scène, en le défendant avec fièvre pour exister quand même, en serrant passionnément David dans ses bras.

Tout cela avait un sens, apparu beaucoup plus tard, lorsque le fil des événements d'une vie dessine un destin. A Berlin, elle avait été une comédienne arrêtée, interrompue, une simple femme, rôle médiocre et beau, trop difficile. Le passé ne pouvait être à ce point plus brillant, plus excitant que le présent ! Comme la vague quitte la plage après l'avoir possédée, l'intensité du temps lui avait été retirée.

Plus tard, beaucoup plus tard, lorsqu'elle reviendrait à Berlin pour *la Passante du Sans-Souci*, elle aurait la certitude que le bonheur y avait habité, discret, essentiel. Au-delà des ombres, au-delà de l'échec de sa vie avec Harry, malgré la porte claquée un jour sans tourner le regard en arrière, ce temps invisible laissait derrière lui une nostalgie douloureuse, mystérieusement épargnée.

Berlin peut s'effacer maintenant. Tout ce qu'elle y a aimé est mort. Point d'arrivée et point de départ, cette ville est un écho dans la sonorité de sa célébrité, là elle est venue se briser, de là elle est repartie.

La France en cette année 1968 l'avait reprise d'un seul coup avec l'appel téléphonique d'Alain, lui offrant *la Piscine*. Le passé et son pouvoir de lumière l'éclairait, l'appelait, elle renaissait. Au-dessus de Ramatuelle, la silhouette des pins, simple, sèche, semblait calquée sur le bleu du ciel dans le bruit incessant des cigales. Le bonheur et l'angoisse des débuts de tournage l'occupaient à nouveau. Petit à petit, elle redevenait la comédienne prête à se transcender, à s'évader, à ne considérer son corps, ses pensées, que comme substance de son inspiration pour rendre l'éphémère essentiel. Ce combat spirituel, aussi dur que la plus rude des batailles, l'ébranlait profondément. Il lui fallait se concentrer d'une manière intense pour se préparer à bondir.

Alain l'attendait à l'aéroport de Nice. Elle portait une robe jaune, des gants, un bandeau dans les cheveux, Alain une chemise sombre au col ouvert, ses pieds étaient nus dans des mocassins. Il l'avait soulevée dans ses bras et ils s'étaient embrassés. L'amertume, l'agressivité avaient disparu depuis longtemps, seul demeurait le total bonheur de retrouver un être exceptionnel pour elle, un être marquant pour toujours son existence.

Après quatorze années, que demeure-t-il d'un souvenir ? Le soleil, la chaleur, l'eau fraîche de la piscine, l'effort et le plaisir de retrouver Maurice Ronet rencontré sur le tournage de *Plein Soleil* en 1959 et sur celui des *Vainqueurs* en 1962, film où son rôle avait été coupé au montage. Maurice et son humour teinté de scepticisme, son charme, cette façon unique de ne pas se prendre au sérieux, son sourire éclatant et triste. Il jouait le père de Pénélope, Jane Birkin, qu'elle rencontrait pour la première fois. Jane avait amené à Saint-Tropez sa fille Charlotte comme elle-même avait amené David mais, Jane n'étant pas encore une star, l'équipe la persécutait à cause de la présence de l'enfant. Un jour, révoltée, Jane s'était enfermée dans les toilettes, refusant de revenir sur le tournage, jusqu'à ce qu'elle, Romy, en lui parlant gentiment, en la rassurant, eut réussi à la convaincre. Elle haïssait la lâcheté, l'irresponsabilité et, à cause de cette intransigeance, se sentait souvent solitaire.

Plus tard, elle avait revu Jane au cabaret *Raspoutine* en compagnie de Serge Gainsbourg. Ce n'était pas une période de bonheur pour elle et celui, évident, de Jane, l'avait émue. Serge était un homme tendre et protecteur, un de ceux qui, peut-être, auraient pu la rendre heureuse. Elle avait pris un morceau de papier et écrit un petit mot à Jane pour lui dire simplement qu'elle l'enviait, pour que des impressions aussi fugaces que celles données par la tendresse soient fixées quelque part dans le temps et parce qu'il était essentiel pour elle de faire savoir aux autres que leur bonheur faisait plaisir à ceux qui n'en éprouvaient pas.

Le tournage de *la Piscine* avait été une joie, tout, à nouveau, devenait possible. La présence d'Alain, la force vive qui depuis toujours se dégageait de lui, la stimulaient, occultant ses incertitudes et ses craintes. Le soir après le travail, elle retrouvait Harry et David, pour des nuits longues et douces, dînait parfois à la Bouscarle, la villa habitée par Alain sur la route de Tahiti. Plus d'agitation, de bousculade, de permanentes allées et venues comme pendant l'été 1965 lorsqu'elle avait loué la villa de Saint-Tropez où elle s'était fiancée à Harry. Il avait détesté cette ambiance factice et agitée et elle avait failli le perdre. A Ramatuelle tout était paisible, le mois d'août touchait à sa fin, les touristes quittaient la région, tout redevenait tranquille. C'était à cette époque précise qu'elle avait désiré une maison dans ce village afin de pouvoir conclure, chaque fois qu'elle le voudrait, une alliance avec le bonheur, une maison où chaque été David reviendrait, où elle aurait un autre enfant, des chiens, où le tumulte extérieur se heurterait au silence comme à Mariengründ.

— Il manque toujours quelque chose au bonheur, lui avait dit un journaliste. Que manque-t-il au vôtre ?

— Ce que je n'ai jamais eu : une maison qui soit un foyer. C'est un rêve que je veux réaliser sans retard[1].

Elle devrait attendre longtemps encore avant de l'obtenir.

Avec Alain elle parlait de ses projets : François Reichenbach lui avait proposé *le Massacre* qu'elle avait accepté. Le film ne se ferait pas. Plan après plan, *la Piscine* s'achevait. Jacques Deray, omniprésent, décidé, compréhensif, faisait régner dans l'équipe une excellente atmosphère. Le personnage de Marianne, sensuel, hiératique, secret, passionné, lui plaisait, les scènes d'amour avec Alain étaient naturelles et faciles, heureuses malgré les insinuations permanentes des journalistes.

Certaines semaines on tournait la nuit, de huit heures du soir à quatre heures du matin. Les projecteurs rendaient la maison, le jardin,

1. *Jours de France,* 22 février 1969.

les gestes magiques, en étroite union avec le scénario où, plan après plan, se construisait l'histoire, histoire d'amour et de mort entre Marianne, Jean-Paul, Harry et Pénélope. La nuit, lorsqu'elle ne tournait pas, elle restait en spectatrice. Le jeu de Maurice, d'Alain, le calme de Jacques Deray, sa maîtrise la fascinaient.

Le jour, la chaleur engourdissait tout. Le monde se reflétait à l'envers dans la piscine, dévoilant des rancœurs, des haines secrètes qui bientôt viendraient crever à la surface. Le corps d'Alain était frais, elle le reconnaissait mais sans passion, avec bonheur. David lui tendait les bras, elle lui parlait en allemand et l'embrassait dans le cou.

Ni pendant ce moment heureux ni jamais, elle n'avait eu le temps de s'arrêter sur elle-même. Elle avait à fournir tant d'efforts pour ce qui avait un sens pour elle qu'il ne lui restait plus la moindre disponibilité afin de tenter de mieux se comprendre, de mieux s'aimer. Les contacts humains demeuraient superficiels, le climat de compétition permanent où elle vivait ne lui laissait pas le loisir de méditer ou de se pencher vraiment vers les autres. Son métier, sa famille seuls lui paraissaient pouvoir donner une signification à son existence. Le mot de solitude lui donnait le frisson.

Le film était sorti le 9 février 1969 à Paris, elle venait d'être malade et se sentait encore fatiguée. La première avait été un grand succès, malgré la tension nerveuse d'Alain dont c'était la première apparition publique depuis l'affaire Markovic. Ils étaient arrivés au cinéma le Balzac ensemble dans une Cadillac. Elle portait une longue robe rouge de chez Yves Saint-Laurent, Jane Birkin une jupe et un corsage très échancré.

A la sortie, la police avait été obligée de contenir la foule afin qu'ils puissent regagner leur voiture et aller souper au *Fouquet's*. Mélange de bonheur et de défiance, les mains tendues, les cris, les regards les harcelaient. Parfois, fugitivement, ce triomphe la ramenait longtemps en arrière, à la générale de *Dommage qu'elle soit une P....* Rien ne semblait avoir changé, elle tenait le bras d'Alain et tous deux se serraient l'un contre l'autre, émus par les ovations. Ils auraient pu revenir ensemble quai Malaquais, retirer leurs chaussures, se verser un verre en riant et en s'embrassant... Sept ans déjà... Elle était mariée, son père, Blatzheim étaient morts. Il ne fallait pas laisser se lever les mirages.

En quittant Paris, elle retournait à Berlin avant d'aller près de Lugano en Suisse où elle aménageait une maison. L'envie de bouger la tenaillait, elle ne pouvait plus rester longtemps à Grünenwald. Les discussions sur l'art, la philosophie, l'évolution du monde se répétaient, toujours semblables. Les projets théâtraux de Harry la captivaient de moins en moins. En prenant du recul, elle avait commencé à juger son mari. L'insécurité et sa dose de poison, peu à peu, la reprenait. Coûte que coûte, il lui fallait exister, ne pas sombrer dans les eaux glauques, domaine des intellectuels qui les entouraient à Berlin. Son ambition à elle était liée à la vie, elle voulait vivre, peut-être pas dans des sphères supérieures, mais vivre tout à fait. Etait-il possible de divaguer comme eux de phrase en phrase, de projet avorté en projet irréalisable et de s'estimer, cependant ? Une fois de plus, elle constatait ne pouvoir compter que sur elle-même, sa volonté, son énergie. Pas d'épaule sur laquelle poser sa tête, pas de repos. S'illusionner était se soumettre, elle ne le ferait pas.

Son besoin de bouger lui avait fait accepter *l'Inceste* tourné en Angleterre juste après *la Piscine*. Une erreur qui l'avait isolée un peu plus encore dans la conviction que la tiédeur, l'incompétence faisaient tout échouer. Elle avait investi ce qu'elle avait pu dans ce film médiocre, mais seule, qu'aurait-elle pu en sauver ? L'erreur avait été non pas son orgueil d'avoir trop cru en elle-même, mais son utopie d'avoir cru en les autres.

Les productions anglo-saxonnes ne lui convenaient décidément pas, c'était en France que se jouait sa carrière. Il n'y avait pas eu d'affrontement vraiment dur avec Harry, elle était trop déterminée pour même discuter. Désormais, elle se partagerait entre lui et Paris.

En mars, elle y était revenue pour terminer le doublage des versions anglaise et allemande de *la Piscine*. Elle ignorait que, quelque part dans une cour du studio de Boulogne, un homme l'observait, la découvrait. Quelques jour plus tard, à son hôtel, elle avait reçu un coup de téléphone. L'homme s'appelait Claude Sautet, il voulait lui proposer un scénario tiré d'un livre de Paul Guimard, *les Choses de la vie*.

X

« Les Choses de la vie »

Une histoire d'amitié, de tendresse, de respect, d'admiration se définit mal. Un jour, par hasard, par chance, deux itinéraires se rencontrent et se mêlent, deux chemins enfoncés d'ornières, caillouteux mais portant en leur aridité la splendeur de la vie.

Entre Claude et elle une similitude, des oppositions aussi mais interminablement revivifiées, une violence inspiratrice, jamais de doutes. Tout cela existait, parfois un élément l'emportant sur l'autre avec un maximum d'intensité. Une amitié vit de contradictions, mais ces contradictions se trouvent résolues par la force même du sentiment. Hier, jadis, qu'importait ! Le point d'interrogation d'une rencontre était devenue évidence, déjà une entité. Ils avaient parlé, et aussitôt l'envie leur était venue de se revoir. Elle s'était tournée vers lui. Lorsque Claude lui avait donné le scénario des *Choses de la vie,* elle s'était engagée tout de suite. L'histoire la touchait, la concernait. Le tournage avait lieu pendant l'été 1969 à Paris, dans ses environs et à La Rochelle. Tous ses amis l'entouraient : Raymond Danon, le producteur Ralf Baum, un ami de vingt ans chez qui elle fêtait chaque septembre son anniversaire en compagnie de Pascal Jardin, Roland Girard, le coiffeur Alexandre et Michel Piccoli...

Le visage de Michel Piccoli n'avait pas à devenir présent dans sa mémoire, il était en elle pour toujours. Tant de souvenirs communs, tant de moments forts partagés. *La Voleuse* avant *les Choses de la vie,* puis *Max et les ferrailleurs, le Trio infernal, Mado.* Quinze années d'amitié, d'admiration réciproque : « Romy et moi, une association à responsabilité illimitée », avait-il écrit dans ses *Dialogues égoïstes*. Il acceptait sa violence, ses doutes, comprenait des exigences parfois incompréhensibles, l'écoutait, la rassurait. Ils se voyaient peu en dehors du travail mais elle savait qu'il existait et c'était cela l'important. L'amour avait plusieurs roues, plusieurs faces, elle l'aimait doucement, calmement, sans transports physiques ni besoin de possession, mais elle l'aimait.

« Nous sommes faits de la même étoffe que nos songes », avait écrit Shakespeare. Ses songes à elle étaient usés, élimés, l'espace se resserrait autour d'elle sans qu'elle cherche à l'écarter.

Avec Michel, elle avait partagé tant d'enthou-

Le cinéma découvre une princesse de 17 ans :
Romy Schneider dans *Sissi,* avec Karl Heinz Böhm.

Romy Schneider et Ginette Pigeon dans une scène de *Jeunes Filles en Uniforme*, remake d'un célèbre film d'avant-guerre.

Romy gagne ses galons de vedette en tournant *Katia*, avec Curd Jürgens, star internationale.

Magda Schneider, célèbre actrice elle-même, fut à l'origine de la carrière de sa fille, Romy.

1958 : sur le plateau de *Christine*, Romy rencontre Alain Delon. Avec lui elle découvre l'amour et la France.

Dany Carel, Serge Reggiani, Romy Schneider et Henri-Georges Clouzot réunis, pour un film qui ne sera jamais achevé, *L'Enfer*.

Michel Piccoli
et Romy Schneider,
couple idéal
dans *Les Choses de la Vie*,
de Claude Sautet.

L'important c'est d'aimer
de Zulawsky,
avec un fascinant partenaire :
Jacques Dutronc.

En 1966, premier mariage pour Romy : elle épouse Harry Meyen, metteur en scène allemand dont elle aura un fils, David.

Romy incarne à nouveau Elisabeth d'Autriche dans *Ludwig*, sous la direction d'un homme qu'elle aime et qu'elle admire : Luchino Visconti.

Le Vieux Fusil de Robert Enrico est couvert d'éloges par la presse, et vaut un César à Philippe Noiret.

1976 : mariage-surprise de Romy à Berlin. Elle épouse Daniel Biasini, qui sera le père de sa fille Sarah.

Romy dans *La Banquière*, un film inspiré de la vie de Marthe Hanau qui défraya la chronique entre 1925 et 1935. ▶

Une équipe éblouissante pour une réussite indiscutée : Romy, Yves Montand et Sami Frey dans *César et Rosalie*.

1981 : Ultime rôle de Romy et dernier bouleversan message : *La Passante du Sans-Souci* avec le jeune Wendelin Werner.

siasmes, de projets, de discussions sur le cinéma, mais également sur la vie, la justice, ce que devraient être l'honneur et l'idéal des hommes. En 1969, l'année des *Choses de la vie*, il y avait eu l'élection de Georges Pompidou à la présidence de la République et les premiers pas de l'homme sur la lune. Le cœur de Michel battait à gauche, le sien le comprenait.

Tourner dans *les Choses de la vie* avec Claude avait été une sorte de révélation. Le trac était là, bien sûr, paralysant, et avec lui l'anxiété, la hantise de se bloquer, de ne pouvoir poursuivre, mais elle s'était sentie aimée totalement, inconditionnellement. Chaque hésitation, chaque doute la faisant trébucher ou s'arrêter n'étaient pas interprétés par Claude comme un caprice mais comme une volonté d'atteindre ce qu'elle pouvait faire de mieux. Il avait pénétré l'intérieur de son cœur.

Rencontrer un homme qui puisse être son double, un homme dont l'amitié, l'affection ne soient jamais, jamais remises en question, offrant ainsi la sérénité, la sécurité, est sans doute le rêve de chaque femme. Cette solidité n'excluait pas la liberté de vivre des passions, mais elle donnait à ces passions un caractère moins dramatique, moins exclusif puisqu'elles passeraient et que Claude demeurerait.

Le mois de septembre 1969, mois de ses trente et un ans, avait été doux. A Thoiry, entre deux plans, le parc du château offrait des promenades, des arbres comme une onde. Emigration, divorce, toute forme d'exil, s'oubliaient là. Elle était une autre Romy, plus libre encore que lors du tournage de *la Piscine*, elle venait de louer un appartement à Paris et ne désirait plus réellement retrouver l'Allemagne. Harry et David restaient « entre hommes », elle leur téléphonait tous les jours et cette simple conversation la délivrait de toute inquiétude les concernant. Sa propre vie la happait à nouveau. Les scénarios affluaient. Déjà elle avait dit « oui » à Claude Sautet pour *Max et les ferrailleurs* où elle jouerait Lilli, une prostituée. « Je me sens bien comme jamais, disait-elle. Libre de mon jeu, dans ma peau ! J'ai découvert l'ambition, la vraie. Je veux faire trois films cette année, deux l'an prochain. Je vise Hollywood mais cette fois pas au hasard[1]. »

L'histoire de Pierre et d'Hélène dans *les Choses de la vie* ressemblait à presque toutes les histoires d'amour. Elle aurait aimé être cette femme ordinaire, amoureuse d'un homme ressemblant à la plupart des hommes, s'enthousiasmer, batailler pour le gagner, le garder, n'avoir comme ambition, comme rêve, que de devenir sa femme. C'était un rêve fragile, dangereux, puisque seul réceptacle possible, improbable, du difficile désir d'une totalité. Depuis longtemps, elle savait que rien ne

1. *France-Soir*, 20 juillet 1969.

pouvait la retenir, pas même les liens affectifs, si sa volonté, le hasard, affirmaient soudain le vœu de l'en dessaisir. Son propre théâtre d'ombres où son double était à la fois sa perte et son salut la fascinait. Elle se regardait elle-même, parfois dubitative, parfois pleine de tendresse.

Michel Piccoli la prenait dans ses bras, Claude l'encourageait : « C'est bien Rominette, c'est parfait ! » Là commençait l'espace. Elle se sentait suffisamment forte et souple pour dominer ses terreurs, pour mettre dans son rôle une vérité qui seule justifiait le spectacle.

A cette époque, elle n'éprouvait pas encore le besoin de s'isoler, de se couper du reste de l'équipe pendant les tournages. Elle était célèbre, pas encore la première star européenne, la plus adulée. C'était cette adulation qui l'avait faite solitaire, méfiante, accentuant son sentiment d'isolement. Plus on avait exalté son talent et plus elle était devenue lucidement dure, enfermée dans une volontée de perfection très germanique, toujours sur la défensive en face des journalistes.

Le choix définitif d'une vie en France était déjà fait pour elle à l'époque des *Choses de la vie*, mais elle ne savait pas encore comment elle allait accorder ce choix à son ancienne existence, à Harry et à David. Elle essayait de ne pas trop y penser mais, sa nature étant le contraire de l'insouciance, n'y parvenait pas.

Claude Sautet et Michel Piccoli étaient son point d'ancrage indispensable. Ils la faisaient rire. « Tu m'inspires », lui disait Claude. Elle savait qu'il disait vrai. Lui-même était son achèvement. Immédiatement cela avait collé entre eux, en tant qu'homme elle l'avait senti tout de suite, avait-elle déclaré. Généreux, cyclothymique à son image, il avait une sensibilité à fleur de peau lui faisant capter la musique intérieure des êtres, le sens réel des choses. Des gestes, des regards, des mots pouvaient le bouleverser, le rendre totalement heureux ou tout à fait malheureux. Lui et elle étaient faits pous s'entendre. *Les Choses de la vie*, puis *Max et les ferrailleurs, César et Rosalie, Mado* les avaient accordés plus étroitement à chaque tournage. Jamais elle n'était anxieuse lorsqu'elle pensait à lui, leur relation ne pouvait s'interrompre, il l'avait apprivoisée pour toujours.

La réalisation de l'accident d'auto de Michel Piccoli dans le film avait nécessité onze mois de travail pour Claude : six mois de préparation, deux mois de tournage, trois mois de montage. La critique tout entière s'était inclinée devant la prouesse technique. Elle avait par ailleurs, dans son ensemble, fort bien accueilli le film qui avait reçu en janvier le vingt-septième prix Louis-Delluc au premier tour du scrutin. *Les Choses de la vie* demeuraient dans sa mémoire un de ses films préférés, tant le scénario comme l'ambiance du tournage lui avaient plu. Elle avait même enregistré une chanson avec Michel, sa troisième tentative musicale après deux chansons inspirées des thèmes de *Monpti* et de *la Belle et l'Empereur*. Là encore les éloges avaient abondé, mais elle s'analysait assez bien pour ne pas laisser la vanité l'emporter sur la lucidité.

Elle avait dû cependant regagner Berlin où la vie qui se poursuivait sans elle semblait l'exclure un peu. Elle n'y était restée que pour avoir envie de repartir. Israël l'attendait pour le tournage de *Bloomfield*. Ce voyage en Israël était plus qu'un déplacement pour faire un film, c'était un voyage vers sa conscience. Était-il vrai que les Allemands de sa génération portaient dans leur mémoire pour toujours des souvenirs qu'ils n'avaient pas eus, des fautes qu'ils n'avaient pas commises ? Elle s'en trouvait chargée, elle se souvenait pour ne pas plier, pour ne pas être cassée. Toute dégradation de l'homme est sans retour, elle ne cherchait pas à réparer mais à supporter. La réalité était en elle dans toute sa nudité, sans pudeur. Comprendre pour expliquer. Mais quoi ? Elle avait aimé la judaïcité d'Harry parce qu'elle lui donnait de l'orgueil. Être sa femme la rendait fière, c'était une victoire sur le passé, une sorte d'harmonie avec ses convictions.

« L'espoir ne fait pas de poussière », avait

écrit Paul Éluard. Elle avait porté autour du cou une étoile de David. On ne refusait pas par des mots, des discours, on refusait par des actes, de cela elle était et serait toujours convaincue.

Saigner pour symboliquement se tuer, aimer pour renaître, succomber pour que soit possible un autre monde. Peut-être maintenant, avec la maturité, comprend-elle combien on peut s'user à frapper dans le métal du monde. La guerrière recherchait la guerre, l'autorité était le piège de ses propres faiblesses, l'excès une limite. Le temps de mettre pied à terre est venu, non pas pour renoncer mais pour projeter enfin son éclat vers elle-même.

Après Israël elle était retournée en Allemagne fêter Noël avec David, Harry et Magda. Elle avait décidé Harry à venir habiter avec elle à Paris. Il n'avait pas eu vraiment le choix, demeurer à Berlin signifiait très certainement la perdre. Il ne le voulait pas. Ses projets se trouvaient bouleversés par ce choix, il buvait de plus en plus, prenait des Optalidons qu'elle commençait elle-même à apprécier en cas de dépression ou d'immense fatigue.

Paris l'attendait pour le tournage de *Qui ?* avec Maurice Ronet. Elle n'avait le temps ni de se reposer ni de réfléchir, elle ne le voulait pas. Il fallait tenir coûte que coûte. L'histoire d'amour, d'obsession de la jalousie de *Qui ?* avait été écrite spécialement pour Maurice et pour elle. Elle avait fait les essais, donné des interviews pour tenir son rôle de professionnelle parfaite. « La facilité ne m'amuse pas, ne m'a jamais amusée. J'ai toujours défié les choses. Je les ai défiées lorsque j'ai quitté mon pays, je les ai défiées lorsque j'ai joué au théâtre[1]. »

Elle parlait volontiers de son amour pour une vie de famille calme, organisée. Il fallait bien offrir cette consolation à Harry pour le remercier d'être là. Ils se voyaient peu, le tournage se terminant parfois tard. Après *les Choses de la vie* et *Bloomfield* tournés en cinq mois, elle avait eu l'impression d'être entraînée par un mouvement irrésistible, de plus en plus rapide. Le cognac, le champagne l'aidaient à tenir, David aussi, totalement nécessaire parce que seul point d'équilibre véritable. Avec lui, elle n'était jamais agressive ni violente. Le temps de prendre quelques vacances en Allemagne et en Suisse avec les siens, et elle était repartie en Italie tourner *la Califfa* où, dès le premier plan, elle se dénudait. « Dès le premier tour de manivelle, me voilà toute nue pour une scène d'amour. Je me suis demandé si c'était une technique des réalisateurs italiens pour mettre leur interprète féminine à l'aise dès le premier coup. »

1. *France-Soir,* 2 janvier 1970.

L'été était torride dans la zone industrielle de Turin, en Italie du Nord, où ils tournaient. La fatigue nerveuse, la chaleur rendaient Romy parfois agressive, mais elle ne pouvait se modérer. Bevilacqua, le réalisateur, la heurtait, elle le heurtait aussi. Il la qualifiait de « pur-sang hypersensible se cabrant au moindre regard de travers, au moindre mot qu'il ne fallait pas dire ». Un cheval n'avait pas de fierté, pas le sentiment de sa propre faiblesse, elle allait sans cesse de l'une à l'autre. Il fallait l'aimer pour la comprendre. Ugo Tognazzi, son partenaire, la décontenançait parfois, elle appréciait les Latins sans les comprendre toujours. « Tu as le fanatisme enragé des gens de ta race », lui disait-il. « Erreur, répondait-elle, j'ai les scrupules d'une comédienne de métier. »

En France le film était passé inaperçu ; en Italie, il avait frôlé le scandale. Les trois derniers films choisis par elle, après *les Choses de la vie*, s'étaient soldés par trois échecs. Trois erreurs, beaucoup d'énergie dépensée, énormément de fatigue. Elle avait eu plus d'ambition que de prudence.

Sa vie privée, à cette époque, n'existait plus, comme si elle cherchait à l'annihiler, à occulter le problème Harry, à repousser tout choix. De retour d'Italie, elle avait commencé *Max et les ferrailleurs*, un rôle qu'elle désirait beaucoup parce que différent des autres. Claude Sautet l'aimait, il avait accepté qu'elle soit Lilli, remaniant le scénario afin d'étoffer son rôle. Que pouvait-il lui refuser ? La même équipe : Raymond Danon, Ralf Baum, Roland Girard et Piccoli, la même sécurité. Dans *le Procès* et *les Vainqueurs* elle avait déjà incarné des prostituées, mais jamais de celles qui accostent le client dans la rue. Tout le monde s'était écrié au génie. « Une telle sensibilité, une telle interpénétration entre Lilli et elle ! » Quelle chose extraordinaire ! Elle était Lilli, la petite Allemande de Hambourg échouée à Nanterre. Quelque part dans son silence, elle pouvait revivre en quiconque, habitait ce silence, regard ouvert devant la caméra, fermé lorsque se terminait le tournage. Quitter Lilli avait été un retour à la solitude.

Cette force, libérée lorsqu'elle jouait, contenue dans la vie, était l'origine du malaise qui la prenait trop souvent. C'était un fleuve contraint par un barrage où il venait se briser. Le voyage n'aboutissait plus, demeurait suspendu jusqu'au prochain tournage, où revenait soudain l'état d'intensité. Jouer, c'était vivre vraiment, elle n'avait plus besoin d'être elle, elle se débarrassait de sa propre charge.

Claude Sautet savait cela. Il la recueillait, la berçait, mais la stimulait également. Puisqu'elle voulait vivre de cette vie-là, il fallait le faire jusqu'au bout. Les mots devenaient respiration, les regards intelligence. Ce personnage créé prenait vie comme Pinnochio sous les doigts de Gédéon. La forme se faisait inventrice. Alors se démolissaient ses propres rêves, ses souvenirs, ils devenaient non plus une souffrance, une anxiété, un poids, mais une nourriture pour sa métamorphose. Les spectateurs se reconnaissaient en elle qui se fondait en une femme inventée : miroirs projetés à l'infini où chacun prend le visage de l'autre, l'image n'étant que l'étincelle de l'inimaginable.

Le tournage de *Max* avait commencé dans la tension générale. Elle n'était pas satisfaite de son travail, exigeait sans cesse de recommencer les plans. Seule dans un studio avec Max, lorsqu'elle lui demandait : « Tu as une femme ? Des enfants ? » la voix sonnait faux, l'accent allemand revenait. Le dépit la rendait insupportable, les petits techniciens la fuyaient.

Un peu plus tard, lorsqu'un professionnel l'avait conseillée pour la partie de cartes avec Max, elle s'était énervée encore. Ses remarques : « Mais pas comme ça, coco », l'exaspéraient. Elle avait jeté les cartes en l'air, elle avait crié : « Mais il m'agace celui-là, je ne veux plus le voir. » Même avec Claude, il y avait eu des affrontements. « Tu me bloques, tu me bloques », lui disait-elle nerveusement. Sur les bouts de pellicule visionnés le soir se promenait une créature rieuse, épanouie, sensuelle : elle. Deux Romy, toutes deux réelles, si inaptes à vivre ensemble !

La tension nerveuse montait encore avec la

fin du tournage. Elle était devenue à ce point Lilli qu'elle redoutait le dénouement, pourtant parfaitement connu. Elle avait peur de ce qui allait arriver, de ce moment où ses amis les ferrailleurs seraient embarqués par Max, le faux banquier. La nuit, le jour, entre chaque prise elle y pensait et y repensait encore, imaginant une attitude, ajoutant un mot au texte.

« Je ne voulais pas penser à cette scène. Avec Claude, nous n'en parlions jamais. La veille du tournage, dans la nuit, j'ai rédigé le monologue intérieur de Lilli pendant les révélations de Max. Le matin, j'ai montré mon texte à Claude. Il a sorti une feuille de papier et m'a dit : "C'est curieux, j'ai eu la même idée." A peu de chose près, c'étaient les mêmes mots[1]. »

Le dernier plan, une fois de plus, l'avait libérée d'un poids continuellement porté, tout en la laissant désemparée. Harry voulait retravailler et devait pour cela retourner en Allemagne. Il avait décidé de trouver un appartement à Hambourg. A Paris, il ne pouvait être que le mari de Mme Romy Schneider. Leur couple se désagrégeait, ils ne partageaient plus rien désormais.

Max était sorti à Paris en février 1971, mais auparavant elle avait rejoint le Mexique pour tourner *l'Assassinat de Trotsky*, sous la direction de Joseph Losey, avec Alain Delon. Comme elle,

1. *Match*, 27 février 1971.

il était arrivé à ce stade de la carrière d'un comédien où le film « se monte » autour de lui. Plus que jamais il était maître de lui-même, déterminé, fragile cependant sous cette apparence.

C'est lui qui avait choisi Losey. Le scénario confié à Nicolas Mosley, que Losey connaissait pour avoir adapté son roman *Accident*, convenait parfaitement à Joseph Shaftel le producteur, déçu par une précédente adaptation. Ni Alain ni Joseph ne voulant sacrifier l'histoire à la fiction, l'un et l'autre avaient étudié parfaitement la vie de Trotsky, Alain poussait la conscience professionnelle jusqu'à copier chacune des expressions de son assassin Franck Jackson qu'il interprétait. Le tournage avait débuté en automne au Mexique avant de s'achever en Italie. Elle jouait le rôle de Gita Samuels, la maîtresse de Franck Jackson, encore un rôle de femme piégée.

Losey les dirigeait « en douceur ». Parfois elle le sentait lointain et en souffrait. Elle avait besoin d'une constante attention, et plus encore d'une constante affection. Il ne pouvait les lui offrir. Sa distance relative l'inquiétait, même Alain ne parvenait pas à la rassurer. En face de Delon, de Burton, de Valentina Cortese, il était nécessaire de donner le meilleur de soi-même.

Harry, Hambourg étaient si loin ! Elle lisait *Voyage au bout de la nuit* de Céline, *Au-dessous du volcan* de Malcolm Lowry, elle déclarait : « Je ne crains plus la solitude. » Des mots comme dans toutes les interviews, des mots attendus, prononcés sans savoir pourquoi ni comment, l'impression permanente d'un dialogue artificiel et faux. Comment les lecteurs d'un journal pouvaient-ils se passionner ainsi pour ce qu'elle pensait ? Ses paroles lui étaient à elle-même étrangères. La caméra, le micro, le magnétophone bien caché au fond d'un sac surprenaient sa respiration, traquaient ses pensées, son regard. Ils la déchiffraient, menaçant son difficile équilibre, essayant de décrypter, non d'écouter. La parole captée jaillissait ici ou là, dans un journal, un magazine, s'installait dans la conscience curieuse des lecteurs, acte bref, ambigu, entre la misère et la gloire, entre ce qui déjà n'était plus et ce qui n'était pas encore. On ne transforme pas une vie en paroles ni en photographies. Le désir se devait de demeurer désir.

L'année 1971 qui commençait la préoccupait, elle avait avec Claude le projet de tourner *César et Rosalie* en 1972 et celui plus immédiat de prendre quelque repos après *l'Assassinat de Trotsky*, d'essayer de retrouver Harry dans un endroit calme, de faire le point avec lui. Elle devait tenter pour David de sauver son mariage afin que lui aussi ne soit pas un enfant sans père.

Le téléphone sonnait de France ou d'Allemagne. Hélène, des *Choses de la vie*, Marina de *Qui ?* Nira de *Bloomfield*, Irène de la *Califfa*, Lilli de *Max et les ferrailleurs* , Lita de *l'Assassinat de Trotsky*, tous ces rôles de femmes interprétés en dix-huit mois l'habitaient encore. Elle ne savait plus très bien qui elle était. Elle donnait trop d'elle-même, ce qu'elle recevait en retour lui semblait insuffisant. Courageuse, généreuse disait-on d'elle, mais aussi en révolte, dépendante, effrayée. Moitié star, moitié femme, elle aurait voulu être totalement et l'une et l'autre.

XI

« Ludwig »

Une joie l'attendait à son retour du Mexique. Elle avait été choisie pour remettre à Luchino Visconti lors du Festival de Cannes en mai, une récompense pour l'ensemble de son œuvre.

Retrouver Luca était toujours un tel bonheur ! Plus qu'un ami, il était sa famille, sa famille de cœur et d'esprit, celui qui l'avait fait naître une seconde fois. Même absent, il la protégeait, lui donnait cette sécurité affective dont elle avait tant besoin. Elle l'admirait, elle acceptait tout de lui. Latin, sa discipline allemande le faisait rire, ses manies, comme de noter chaque détail important pour elle sur un carnet, l'étonnaient. Elle riait avec lui. « Sais-tu ce que me dit Harry ? "N'oublie pas de marquer que tu m'aimes". »

Elle avait besoin de cette rigueur pour ne pas se laisser décourager par l'afflux des engagements. Garde-fous, ces notes empêchaient son esprit de s'évader trop souvent. Maintenant, elle comprenait combien ces rigueurs, loin de la rassurer, étaient source d'anxiété.

Au palais des Congrès de Cannes, il y avait eu une belle cérémonie. Elle était émue, rayonnante. Ce moment avait été l'un des plus marquants de sa vie.

Après le gala, alors qu'ils se trouvaient l'un à côté de l'autre, heureux de chaque instant partagé, il s'était penché vers elle.

— J'ai envie de te proposer un rôle que tu connais déjà. Devine ce que c'est ?

Elle avait pensé à un rôle excentrique, celui d'une prostituée peut-être, mais Luca avait ri.

— C'est Elisabeth.

La stupéfaction l'avait rendue muette un instant, puis immédiate, instinctive, la joie était venue. Cette rencontre ultime avec « Sissi », elle l'attendait depuis longtemps, elle la voulait. L'impératrice errante devait lui être rendue encore une fois. Et c'était Visconti, le seul pouvant la comprendre comme elle la comprenait, qui lui faisait cette offre. Le fantôme allait se trouver enfin exorcisé...

Depuis longtemps, lui avait expliqué Luca, il pensait à ce film. Le personnage de Louis II de Bavière le fascinait et sa rencontre étonnante avec Helmut Berger lui était apparue comme un signe. Le jeune comédien ressemblait étonnamment au roi, il en avait l'ambiguïté, le goût de la beauté, la sensualité à la fois simple et terriblement obscure. Il était Louis II de Bavière.

Trevor Howard avait déjà été pressenti pour jouer le rôle de Wagner, Sylvana Mangano pour celui de Cosima von Bülow, la fille de Liszt, future femme de Wagner. Visconti exauçait ses vœux les plus chers. Il lui donnait là un bonheur qui pouvait la faire longtemps aller de l'avant. Ces projets excitants lui étaient tellement indispensables pour être heureuse !

A cette époque de sa vie, elle avait particulièrement besoin d'un programme professionnel chargé et passionnant. Tout se détériorait dans sa vie privée. David se partageait entre l'Allemagne et la France, mais elle le voyait peu et mal. Chaque rencontre était une joie extrême dont elle avait besoin, plus peut-être que de l'enfant lui-même. Sa vie allait trop vite, elle était trop dispersée pour avoir le temps de le promener, de faire des courses avec lui, de l'emmener au cinéma, au zoo ou au cirque. Elle rentrait chez elle, l'embrassait follement, le téléphone sonnait sans cesse, elle appelait la nurse. Puis venait le moment de ressortir, de le reprendre dans ses bras, de lui dire : « A demain mon chéri » et le lendemain, tout recommençait. Ils devaient se retrouver tous les trois en juillet à Saint-Tropez. Elle attendait beaucoup de ces retrouvailles, non pas qu'elle eût été encore amoureuse de Harry et qu'elle eût l'intention de le reconquérir, mais parce qu'elle voulait chercher et trouver avec lui un modus vivendi permettant d'épargner leur petit garçon.

D'Allemagne lui venaient des nouvelles à la fois ridicules et préoccupantes : elle était poursuivie pour avoir signé avec trois cent cinquante femmes allemandes un manifeste où elles reconnaissaient toutes avoir eu recours à un avortement. Le procureur de Hambourg, où était désormais sa résidence officielle en Allemagne, l'avait convoquée à comparaître en justice. « Si Romy Schneider, avait-il déclaré, revient en Allemagne, elle sera poursuivie. » Elle risquait jusqu'à cinq ans de prison. C'était stupide. Avec son avocat, elle avait décidé de faire face, d'aller à Bonn, de rencontrer Willy Brandt, de ne pas se laisser intimider par les paroles violentes de M. Grochtmann, conseiller municipal de Rhénanie-Westphalie qui déchargeait contre elle sa vindicte. « Je considère qu'il est injuste que des femmes pauvres et obscures aient été condamnées pour avortement, tandis que des femmes riches et célèbres, qui peuvent facilement élever leurs enfants, se targuent par esprit publicitaire d'avoir subi cette intervention. » Cet avortement, elle avait dû le subir, elle n'avait pas eu le choix, il était tout à fait impossible, pour elle, à ce moment précis de son existence, de mettre au monde un nouvel enfant.

Après une semaine de vacances, début juillet, elle avait quitté Saint-Tropez pour Bonn. Son affaire s'était entre-temps arrangée d'elle-même, la police de Munich ayant découvert au siège du Mouvement de libération des femmes, des milliers de lettres de femmes reconnaissant avoir subi un avortement. Cette opération rendait du même coup impossible toute action judiciaire contre elle.

A son arrivée à Bonn, une escorte de motards l'attendait pour la conduire chez les Brandt. L'entrevue avait été extrêmement cordiale. Le chancelier lui avait déclaré être depuis toujours un de ses fervents admirateurs. Il avait vu presque tous ses films dont il savait faire maints compliments. Comme toujours elle souriait, chaleureuse, un peu lointaine cependant. Willy Brandt s'adressait à l'autre Romy, la publique, la comédienne. De la vraie, il ne savait rien, elle n'appartenait vraiment qu'à ceux qu'elle aimait.

Les vacances avaient pris fin, elle s'était reposée, avait tiré du bonheur de chaque instant passé avec David. Ils étaient rentrés tous ensemble à Paris, nouvel essai de vie commune accepté par Harry, bientôt suivi d'un nouvel échec, définitif. Les exigences, les angoisses, l'amertume, les dépressions d'Harry l'irritaient plus qu'elles ne l'attendrissaient. Elle était si dure avec elle-même qu'elle pouvait être dure pour les autres. Les journalistes qui pressentaient leur rupture la poursuivaient, elle faisait face, les affrontait : « J'ai une vie très calme du matin jusqu'au soir, chez moi avec mon mari et mon fils. Je fais des choses comme tout le monde. Je vois mes amis. Je vais voir des films, beaucoup de films, des pièces de théâtre, tout ça remplit les journées, les semaines, c'est très simple. J'essaie de faire de moins en moins de choses inutiles, on perd souvent son temps avec des petits trucs, des petits riens. Dès qu'on est marié, dès qu'on a une famille, un enfant, les choses prennent une autre dimension. » Mais dans la même interview, elle prononçait une petite phrase mal contrôlée : « Je n'ai plus peur de me trouver seule avec moi-même[1]. »

Elle se tenait sans cesse sur le qui-vive, souriait, et ce contrôle permanent lui prenait beaucoup d'énergie.

Le film de Luca : *Ludwig ou le Crépuscule des dieux* se préparait. Visconti avait obtenu l'autorisation des autorités de Bavière pour tourner sur les lieux où avait vécu et où était mort Louis II. Les Wittelsbach lui prêtaient en outre toutes sortes d'effets précieux appartenant à leur famille, ce qui donnerait au film une grande beauté et une authenticité parfaite.

Fin janvier, elle était partie pour l'Autriche. La plus grande partie de *Ludwig* serait tournée en Bavière : à Munich, à la Rezidenz, aux châteaux de Linderhof, de Berg et de Neu-

1. *Cinémonde*, septembre 1971.

schwasnstein et Hohensch-Wangau, sur le lac de Starnberg et à l'île des Roses. Là se ferait sa quatrième rencontre avec Elisabeth d'Autriche, la seule authentique.

Il était loin le temps des *Sissi*, de l'agitation familiale, des coups de gaieté et de colère avec Magda. Elle se trouvait en pleine crise personnelle lorsqu'elle avait entamé le tournage de *Ludwig*.

Son mariage était défait, hanté par mille fantômes, noyé dans l'alcool, assommé par les reproches et explosions de violence. Dans ce contexte, le tournage de cet épisode de la vie d'Elisabeth s'était révélé difficile. Malgré la présence amicale de Visconti, elle s'était effondrée : malaises, crises nerveuses. Il faisait glacial en Bavière où avait eu lieu la plus grande partie du tournage. Le thermomètre descendait parfois jusqu'à – 10 °C. Avec Helmut Berger, son partenaire, elle buvait des thés brûlants pour se réchauffer, s'immobilisant, se concentrant sur elle-même afin de ne pas perdre tout à fait le peu qu'il restait en elle de chaleur, de force pour affronter non pas le personnage d'Elisabeth, mais sa propre image de mère face à David. Il allait falloir le mettre en congé de père, lui donner un monde nouveau, le dissocier de sa petite enfance pour lui offrir un autre pays, un autre avenir. Elle désirait s'installer définitivement en France, retrouver l'espoir, le difficile espoir.

Visconti lui-même était épuisé. Ils travaillaient tous jusqu'à la limite de leurs forces, jusqu'à ce que la violence et la folie des personnages habitent leurs propres corps exténués. Comme elle était loin de la Sissi donnant le biberon à un faon ! Comme elle était loin de sa jeunesse ! Nostalgie des mots, il fallait fuir le jardin des tentations qu'était le retour au passé, accepter de séjourner là où elle se trouvait désormais derrière un miroir ou sur un écran, dans le fugitif et les apparences. Elle n'était pas ses personnages, qui était-elle ?

« Le destin d'Elisabeth d'Autriche..., avait prédit le médium, le même destin... » Etrangement, elle avait été Elisabeth de Wittelsbach. Lorsqu'elle était venue présenter *Sissi* en Espagne, une foule de journalistes, de photographes, l'attendaient. Personne n'avait remarqué, descendant derrière elle de l'avion, un homme solitaire portant une valise à la main. C'était Otto de Habsbourg, le fils du dernier empereur d'Autriche, petit-neveu de Sissi. Nul ne s'y intéressait. Pouvoir magique du rêve, il effaçait la réalité.

Jeu de miroirs, de plus en plus éloignés, de plus en plus inatteignables : le public s'intéressait à elle plus qu'aux personnages qu'elle incarnait, mais il ne voulait pas de la femme Romy, il désirait ses divers reflets, ce pouvoir d'être multiple, d'échapper à un isolement en soi, ressenti d'une façon plus ou moins aiguë par tous. Elle figurait la sorcière, la femme aux cent visages, tous secrets, tous changeants, celle-là même qu'au Moyen Age on jetait au feu, enfermée dans une cage de fer en compagnie de chats noirs, que l'on harcelait maintenant, esclave et reine. Elle avait accepté ce rôle. Le public avait eu le sourire angélique et il l'avait aimé, il désirait désormais les larmes, elle les lui offrait. Toute révolte se montrait vaine, on ne triomphe pas de tous.

Ludwig n'avait pas été un grand succès public, il ne pouvait l'être. Il y avait dans ce film trop d'austérité, trop de démesure, mais il avait été un accomplissement pour Luca et pour elle. Ce *Crépuscule des dieux* représentait leurs propres désirs, leurs ambitions, peut-être leur enfance et leur mort. Ils se trouvaient en union totale dans leur vision du monde, un même univers artistique les entourait, les animant d'une énergie créatrice, leur donnant un orgueil, beaucoup plus « de race » que de « personne ».

Les malaises qui l'avaient terrassée durant le tournage de *Ludwig* étaient un exutoire à son anxiété. Le matin, lorsqu'elle s'éveillait d'une nuit courte et difficile, les paysages glacés de la Bavière l'émerveillaient. On venait la chercher pour les plans de tournage. Elle éprouvait toujours l'envie d'aller travailler.

Claude Sautet préparait *César et Rosalie*, et la perspective de reprendre son dialogue avec lui, l'enchantait. Ses éclats de rire, ses coups de colère-tendresse les rendaient davantage encore complices. Luca était âpre, sévère, sceptique, adorateur de la beauté, du raffinement, Claude hypersensible, franc, pur, inquiet. Elle était pareille à eux, moitié l'un, moitié l'autre. Si sa vie privée était à ce moment-là un échec, sa vie professionnelle lui donnait d'immenses joies.

Harry avait regagné l'Allemagne. Elle était rentrée à Paris, et s'y trouvait seule avec David qui, étonné, s'y installait. Étant déjà trilingue, allemand, anglais, français, il ne semblait pas avoir la moindre difficulté à s'adapter. A cinq ans et demi, il commençait une école nouvelle, une vie nouvelle. Elle lui parlait d'Harry le moins possible, la vie pour eux deux s'organisait dans leur appartement de Neuilly. Maintenant que l'abcès était crevé, le bonheur revenait. Son David était beau, gai, turbulent, elle avait toujours eu envie d'avoir un petit garçon lui ressemblant. Parfois, elle lui faisait la surprise d'aller le chercher à l'école. Être une maman comme les autres l'amusait, mais elle savait très bien qu'elle n'était ni ne serait jamais une femme se contentant de son foyer. Pourtant un jour, elle le voulait absolument, elle ferait un second enfant.

Luis Bunuel lui proposait un film, Joseph Losey avait un autre projet pour elle. Ni l'un ni l'autre n'aboutiraient. Tant d'espoirs, certains atteints, d'autres effacés !

Les avocats préparaient le divorce : il serait dur. L'Allemagne, une fois de plus, la rejetait. Puisqu'il y avait combat, elle se battrait. Rien ne pouvait davantage la stimuler que l'envie de gagner une fois de plus. Harry, en l'attaquant, faisait une erreur, il avait oublié à quel point elle était volontaire et combative. Son David ne la quitterait pas. C'était dans cette rage de vaincre, d'être heureuse, qu'elle avait commencé à tourner *César et Rosalie*.

XII

« Le Trio infernal »

Fin 1973, début 1974.

Elle venait d'enchaîner *César et Rosalie, le Train, Un amour de pluie, le Mouton enragé.* Une série de tournages excitants, épuisants. Une vie privée trop agitée et puis toujours l'alcool, les tranquillisants. A chaque film, la critique l'encensait, elle était épargnée même lorsque le film ne l'était pas. On n'en finissait pas de l'aimer.

Elle avait besoin de cet amour, mais elle le savait exagéré, outré. La connaissance d'elle-même la faisait humble, la gloire orgueilleuse. Seule, elle doutait toujours, en public elle se laissait griser : les égards, les prévenances, les privilèges la tenaient hors de la foule, la faisaient différente. Il était difficile de résister au narcissisme : « Je suis une épouvantable égoïste », avait-elle déclaré lors d'une interview donnée au magazine *Elle*[1]. Chaque mot cher-

1. *Elle,* janvier 1973.

chait sa place sur son échiquier. L'égoïsme était cet amour d'elle-même que, dès son enfance, elle avait ressenti parce qu'il comblait le vide du père, son propre départ du foyer vers la pension, la présence fragmentée de sa mère, l'espérance d'un autre amour.

Le succès de *César et Rosalie* confirmait le talent de Claude Sautet, ensemble ils formaient un couple que rien ne semblait pouvoir arrêter : « Sautet et Romy Schneider c'est un peu Marlène et Joseph von Sternberg, un couple auteur-acteur coulé dans du bronze[1]. » Cette entente profonde lui avait été nécessaire pour affronter Yves Montand. Il était à sa hauteur, avait les mêmes exigences mais aussi les mêmes angoisses qu'elle. Très conscient de sa valeur d'homme, il n'aimait pas céder devant une femme. Tout de suite, il y avait eu entre eux estime, affection, mais également une certaine rivalité. Claude essayait de dominer la situation sans toujours y parvenir. Les lions étaient lâchés.

Jean-Loup Dabadie, avec lequel elle avait travaillé pour *les Choses de la vie, Max et les ferrailleurs* avait écrit les dialogues et le scénario du film en collaboration avec Claude Sautet et Claude Néron. *A priori,* l'histoire était plutôt

1. *Paris-Match.*

banale mais inscrit en creux dans le thème, un autre film dépassait les apparences, allant au fond de la vie. Sautet avait voulu faire des allusions ironiques à ses œuvres précédentes : l'accident d'auto évité de justesse au début du film, les ferrailleurs ici millionnaires. Mais il avait choisi de changer totalement de ton et de manière : personne ne mourait dans *César et Rosalie*. La tragédie virait à la comédie, grave, mais toujours traitée d'une manière fantaisiste.

A Sète et en Vendée où se tournaient certaines scènes, l'équipe se sentait en vacances. Tour à tour fort en gueule, roublard et maladroit, attachant et irritant, Yves Montand la fascinait par son brio mais le charme de Samy Frey la séduisait également. Elle observait les jeunes qui commençaient une carrière, particulièrement la jolie Isabelle Huppert. Comme elle, Rosalie avait le goût de l'amour et du bonheur, une grande générosité. Ce personnage, jamais, ne l'avait tourmentée.

A cette époque, elle sortait beaucoup avec Bob Evans, le producteur de *Love Story*. Son mariage rompu avec Ali Mac Graw lui faisait comprendre ses propres déceptions. C'était un homme-ami de passage, qui rentrerait en Amérique, l'oublierait. Peu lui importait son départ, un autre chevalier servant entrait dans sa vie : Bruno Ganz, un jeune acteur de théâtre rencontré à Berlin. Le divorce d'avec Harry s'annonçait très difficile, il réclamait 210 millions de francs, la moitié de leur fortune. Il fallait laisser la roue tourner : travail, amours, soucis pour ne pas se laisser emporter, fixer un point-refuge, un point-stabilité, son fils. Qu'importaient les voyages, le Maroc avec Bruno, les esclandres provoquées par la femme de celui-ci, le départ d'Harry au Kenya en compagnie d'un mannequin parisien, ces étourdissements, toute cette énergie gaspillée comme autant de convulsions. Se révolter lui paraissait s'épanouir. La vérité habitait peut-être la profondeur de ses doutes, mais à cette époque, ayant la force des destructeurs, elle se moquait de tout.

Le Maroc en avril-mai 1973 avait rassemblé le soleil, l'amour, la certitude de réussir sa carrière, de devenir film après film une grande comédienne. Avant *le Train,* elle avait fait le plein de repos, de confiance en elle, de gaieté aussi. Au retour, elle avait quitté Bruno, elle vivait à Paris un amour nouveau, un de plus pour se griser de la joie de désirer, de séduire, de garder. C'était sans doute une sorte de bonheur puisqu'il lui arrivait de se sentir heureuse, formidablement heureuse. L'instant présent était éternité, les relations avec les êtres un jeu qu'elle voulait gagner. Pour être au centre de tout, pour jouer constamment le premier rôle, elle puisait sans cesse dans son énergie, sa sensibilité, son imagination, son orgueil.

Elle avait beaucoup ri à cette époque de sa vie, elle s'était amusée, elle buvait du champagne, dormait peu. Ses retrouvailles avec Paris, sa liberté nouvelle la rendaient légère, euphorique, même si le rire était un peu trop lourd. « Je sais pourquoi je suis revenue ici en France, je me sens bien, je me sens chez moi[1]. »

Avec Pierre Granier-Deferre, il ne pouvait y avoir ni conflit grave ni violence. Le dialogue, de son ami Pascal Jardin, était dépouillé, concis, donnant toute son importance aux gestes et aux regards. *Le Train* était une belle histoire d'amour, difficile à jouer, nécessitant réflexion et concentration. En face d'elle, Jean-Louis Trintignant lui donnait une réplique sensible, totalement rassurante. Entre deux plans, pour se détendre de l'atmosphère dramatique du scénario, ils riaient avec Serge Marquand qui faisait partie de la distribution. Autour de Serge, l'ambiance était chaude. Il était difficile, sinon impossible de ne pas être entraîné dans les fantaisies ou les délires de sa bande.

Pierre Granier-Deferre, tout en pudeur, tout en silence, tout en talent, suggérait plus qu'il n'imposait. Avec lui, le dialogue était toujours ouvert même s'il avait le pouvoir du dernier mot. Elle et lui avaient été d'accord : il fallait laisser à la fin de l'histoire une note d'espoir...

1. *France-Soir*, 18 juin 1973.

Cette ambiance d'amitié l'avait aidée à oublier sa fatigue. Peut-être exigeait-elle trop d'elle-même, peut-être se surestimait-elle ! Jean-Louis Trintignant n'était pas pour l'investissement de l'homme dans son métier. Le comédien ne représentait qu'un moment de sa vie, pas plus. Il semblait y parvenir. Elle l'enviait.

Elle avait quitté son appartement de Neuilly, beaucoup trop cher, pour un autre, plus modeste, rue Bonaparte. C'était son nouveau secrétaire Daniel Biasini qui le lui avait trouvé. Raymond Danon, un soir de décembre 1973, lui avait téléphoné : « J'ai la personne qu'il te faut, je te l'envoie. » Elle cherchait de toute urgence un chauffeur qui puisse lui servir de secrétaire ou un secrétaire faisant office de chauffeur. Conduire une voiture n'était pas du tout son affaire, elle ne pouvait se débrouiller à Paris sans chauffeur. Daniel s'était présenté, elle l'avait trouvé aussitôt sympathique, discret et efficace, elle se l'était attaché. Parfois, lorsqu'elle sortait ou lorsqu'elle travaillait tard, Daniel restait rue Bonaparte. David s'entendait bien avec lui. Il avait sept ans, Daniel vingt-quatre.

Après la fin du tournage du *Train,* avant son départ pour Vittel où elle allait tourner *Un amour de pluie* avec son ami Jean-Claude Brialy, il y avait eu une nouvelle rupture sentimentale dans sa vie. Elle était un peu amoureuse et avait bien davantage accusé le choc qu'avec Bruno. Daniel l'avait aidée par sa présence, elle lui disait tout d'elle, il se racontait volontiers. Les échanges de confidences dédramatisaient leurs problèmes. L'appartement de la rue Bonaparte ne lui plaisait plus. Daniel lui en avait trouvé un autre, rue Berlioz, elle faisait faire des travaux et, après son retour de Vittel, s'installerait avec toute sa famille chez une amie.

Le souvenir de l'été 1973 à Vittel était presque une image de vacances. La présence constante de Jean-Claude, sa tendresse, sa drôlerie, celle de David, de Ralph Baum, de Raymond Danon reconstituaient pour elle une sorte de famille affective dans laquelle elle se sentait très bien. Peu importait si le film avait été ou non un succès, Jean-Claude et elle voulaient le faire. Par ailleurs elle défendait toujours « ses » films avec acharnement.

« Jean-Claude est un ami depuis longtemps, avait-elle dit plus tard en face des critiques, nous savions tous les deux que nous ne ferions pas *Lady Macbeth,* mais c'est un très joli film que j'aime beaucoup à cause de la poésie et de la délicatesse de Jean-Claude[1]. »

Paris à nouveau, les retrouvailles avec Jean-Louis Trintignant, Jane Birkin, les journées de tournage, la rentrée en classe de David, la

1. Interview Pierre Tchernia, 18 avril 1974.

promotion du *Train,* les scénarios proposés à parcourir, une vie si accélérée que toute réflexion, toute introspection se révélaient totalement impossible.

Confrontée à la multiplicité de ses films, la presse parlait maintenant bien davantage de la comédienne que de la femme. On admirait ses performances, on la laissait tranquille sur ses amours ou sur son divorce. Elle n'avait le temps ni de vivre les premiers ni de se préoccuper du second. Les avocats négociaient, Harry maintenait sa position : la moitié de leur fortune avant de signer. Elle pressentait qu'elle y consentirait, non pas qu'elle fut faible ou lâche, mais parce que l'argent n'avait jamais eu de véritable importance pour elle. A ce stade de sa carrière, elle aurait pu être riche, très riche, elle ne l'était pas. Blatzheim (elle se refusait dorénavant à le nommer Daddy tant elle le détestait), gérant de sa fortune, l'avait entièrement dissipée. On l'avait constaté à sa mort et elle s'était tu pour ne pas bouleverser Magda. L'argent n'était pas un souci, elle en gagnait beaucoup, il venait, repartait pour revenir encore. C'était abstrait, sans commune mesure, elle le savait très bien, non pas avec son travail, mais avec ce que gagnaient les autres membres des équipes dont elle faisait partie lors des tournages. Mais n'était-ce pas sa présence qui permettait de monter bien des films ? Les sommes qu'elle touchait s'effritaient aussitôt, la maison, la gouvernante, la nurse, son secrétariat, les vêtements, les coiffeurs, et surtout les impôts.

Lorsqu'elle voulait quelque chose, elle pouvait l'obtenir tout de suite. C'était parfois un coup de cœur esthétique, parfois un besoin, parfois la sensation d'oublier, le temps de cette courte passion, des préoccupations. Elle signait à des décorateurs des chèques énormes pour embellir des appartements loués, elle voulait que ses envies puissent aussitôt se réaliser. L'argent symbolisait surtout la fête : voyages au Mexique, en Afrique, au Maroc, hôtels, repas dans les restaurants où lui était réservée la table la mieux placée, la plus discrète, jolies robes, manteaux de fourrure — elle en possédait deux qu'elle aimait avec passion — bijoux. Ceux qui lui avaient été offerts étaient modestes, les hommes qu'elle avait aimés ne pouvant lui donner davantage, mais leur importance affective était immense. Jamais la somme investie dans quoi que ce soit n'avait eu pour elle la moindre signification, ce qui comptait, c'était la quantité d'amour qui s'y trouvait placée, comme dans la bague de bois offerte par Luca.

La fin de l'année approchait. Juste avant Noël, tous les siens avait emménagé dans le nouvel appartement de la rue Berlioz. Daniel avait un studio tout proche. Déjà, il était en quelque sorte de la famille.

En janvier, elle avait commencé à Paris et à Marseille le tournage du *Trio infernal.*

« Le devoir d'un acteur, c'est d'oser », lui avait dit un jour Michel Piccoli. Avec *le Trio,* elle avait osé et l'Allemagne avait frémi d'horreur : « Comment lorsqu'on a été Sissi, peut-on devenir Philomène Schmidt ? » Cette question d'un compatriote l'avait agacée. « Philomène Schmidt n'a rien à voir avec moi. Je suis une comédienne. Sissi non plus n'a rien à voir avec moi. Je n'ai jamais été Sissi, pas plus que Philomène Schmidt. »

L'histoire, il fallait le reconnaître, était monstrueuse. Adapté d'une anecdote authentique écrite par Solange Fasquelle, le scénario faisait évoluer trois monstres, Mascha Gomsker et elle, toutes deux sœurs et maîtresses du même homme, Michel Piccoli. Escroquant et assassinant leurs victimes afin de s'emparer de leur héritage, ils n'hésitaient pas, pour effacer toute trace, à faire dissoudre les cadavres dans les bains d'acide sulfurique. Malgré les noirceurs de ce sujet traité avec humour et dérision par Francis Girod, la bonne humeur avait régné sur le plateau où, une fois de plus, Danon, Ralph Baum, Michel Piccoli l'accompagnaient. Ce rôle, nouveau pour elle, d'une femme assassin, sadique et frivole l'avait stimulée, intéressée. Elle était heureuse de surprendre son public, de montrer à ceux qui l'admiraient qu'elle pouvait être autre chose qu'une jolie jeune femme au sourire tendre. « Du moment que c'est par humour, il n'y a plus qu'à s'incliner ! » Cette petite phrase de Raymond Queneau l'avait parfois aidée à affronter une critique parfois acerbe, parfois admirative.

Ce film ne pouvait pas laisser indifférent. Il représentait dans sa carrière une étape d'autant plus importante que son projet avec Marco Ferreri n'avait pas abouti. Lorsque le réalisateur italien lui avait proposé *la Dernière Femme,* elle s'était passionnée. Le sujet la changeait totalement de son répertoire habituel, mais comme il n'y avait pas encore de scénario, elle avait demandé à le lire avant de donner une réponse définitive. Il l'avait totalement déçue. *La Dernière Femme* était une histoire belle et courageuse mais ne lui convenant absolument pas. « Si la femme moderne c'est celle de Ferreri, alors je ne suis pas moderne, tant pis ! »

Elle allait commencer à Paris le film de Zulawski *L'important c'est d'aimer,* mais auparavant, sur un coup de tête, parce qu'il lui manquait, parce qu'elle avait envie de s'amuser tout simplement, elle était partie rejoindre Daniel au Sénégal à Cap Skirring. Sa surprise l'avait enchantée. Entre eux, les rapports n'étaient pas ambigus, ils étaient amis, complices, ils avaient confiance l'un dans l'autre. Daniel savait l'écouter mais par-dessus tout il la connaissait assez bien pour la prendre à contrepied dans ses mouvements d'humeur et la faire rire. Elle-même le taquinait lorsqu'il arrivait le matin épuisé : « Alors, elle était si belle que cela ! » Doucement, ils allaient l'un vers l'autre sans le pressentir encore. Sa présence rendait sans importance l'absence du nouvel amour. Elle était bien.

Cette trêve africaine l'avait détendue, elle était rentrée à Paris bronzée, en pleine possession de ses moyens pour affronter Zulawski et *L'important c'est d'aimer.*

XIII

« L'important c'est d'aimer ». « Les innocents aux mains sales »

Avril-novembre 1974.

Andrzej Zulawski ! Elle avait du respect pour cet homme qui savait être démesuré. Ni compréhensif ni gentil, il voulait dominer, être « le maître », posséder. Un homme de combat, un souverain. Face à lui, seuls existaient les rapports de force. Toutes ses secousses intérieures, elle les avait retrouvées chez Andrzej, le goût de dominer tout en méprisant le despotisme, l'attente à la fois anxieuse et fiévreuse du point de rupture. Ni l'un ni l'autre, marginaux inhabiles à distinguer l'outrance de la violence, le calme de la précarité des choses, ne craignaient l'attirance du vide.

La rencontre d'un metteur en scène et d'un comédien était toujours une histoire passionnelle. L'un attendait de l'autre cette profondeur insaisissable qu'est l'interpénétration faisant d'un tournage un acte d'amour presque physique.

Cela Andrzej le comprenait et le désirait aussi. L'histoire était simple, terrible, elle pouvait encore en faire surgir de sa mémoire les moindres détails ainsi que tous les visages : celui de Jacques Dutronc en clown triste, de Fabio Testi, de Klaus Kinski hallucinant, avec des plans fixant soudain un sourire de Jacques, un regard de Fabio, un geste d'Andrzej, un monde figé comme les images de combats sur les livres.

Cette histoire violente, ils l'avaient tous vécue violemment, plan après plan, dans le désordre. « Tu m'as donné ta boue et j'en ai fait de l'or », avait écrit Baudelaire. Ensemble, ils avaient voulu déposer leur propre reflet sur les mots, sur les regards, sur les gestes, atteindre l'univers mental des personnages jusqu'aux limites de l'inconscient.

Zulawski était là, à chaque instant, tyran ou médiateur, magicien et sorcier, tentant de susciter, de provoquer par l'unique pouvoir de la parole son droit moral sur eux, les forçant à le suivre, lui l'homme possédé. Les réticences, les refus, l'hostilité ne l'usaient pas, il se prêtait au jeu de la haine jusqu'à un effrayant et étonnant accord final. La femme qu'elle incarnait, Nadine, elle la voyait comme dédoublée, elle se voyait pleurant des larmes étant aussi les siennes. Putain couchant avec elle-même, elle avait tout pris, tout donné, brutalement, avec le frémissement et une jouissance autodestructrice. C'était cela son travail : puiser en elle pour offrir son eau et la rendre à son tour capable de produire des fruits. Nadine Chevalier, comédienne déchue, femme à la dérive, rassemblait ses phobies. Elle était un écran, un miroir transformant la clarté en ténèbres, les valeurs supérieures en valeurs inférieures. Nadine avait un sens.

L'équipe fonctionnait bien, elle avait eu de bons rapports avec Fabio mais c'était Jacques Dutronc qui avait éveillé une tendre sympathie. Zulawski avait bénéficié de leur rencontre, de leur entente. Il croyait pouvoir les réduire à sa merci sans vouloir s'aventurer dans la nuit des êtres. Son empire était superficiel et éphémère, ses rapts illusoires, mais il avait du talent et ce talent irradiait tout ce qu'il touchait. Partitions ou esquisses, les comédiens étaient entre les mains du créateur, du metteur en scène, ils devaient épouser sa cohérence, vivre en état d'alerte afin de guetter la moindre de ses aspirations, avoir assez de force pour l'affronter et assez de complaisance pour le séduire. Ce petit peuple du cinéma avec sa hargne, ses jalousies, ses enfantillages et son génie était son peuple, elle ne l'affectionnait pas particulièrement mais il était le sien.

Le tournage de *L'important c'est d'aimer* lui avait laissé un souvenir amer, épuisant, celui d'un combat difficile et injuste. C'était le cinquième film qu'elle entreprenait en dix mois.

N'en faisait-elle pas trop ? « Je me fais un peu peur, avait-elle confié à une journaliste de *France-Soir.* J'ai peur de lasser le public s'il me voit trop souvent, peur quelquefois de l'épuisement nerveux. Mais je sens que je tiens le coup et je n'oublierai jamais que Claude Sautet, qui m'a redonné confiance en moi avec *les Choses de la vie,* m'a dit un jour : “Continue tant que tu en auras envie, tu le peux.” Je ne crains pas les années ni la fatigue sur mon visage, je crains seulement, quelquefois, de mal jouer. Le souci de bien faire, c'est tout de même plus important que de guetter ses rides devant un miroir[1]. »

Les vacances au Club Méditerranée lui semblaient loin. Elle vivait une nouvelle idylle avec la présence rassurante de Daniel à son côté et la certitude qu'il ne la quitterait pas. Il lui était déjà totalement nécessaire mais elle ne se décidait pas encore à l'aimer. Elle était une fois de plus fatiguée nerveusement. Zulawski cherchait à rendre sa tension si vive qu'il puisse la pousser presque jusqu'à la folie. Il savait ses angoisses, son perfectionnisme allant jusqu'à la maniaquerie, son intransigeance et il s'en était servi encore et encore, les utilisant, les usant jusqu'à ce qu'elle soit à bout.

De la fatigue venait une sensation d'irréalité. Elle n'était plus vraiment elle, c'était une autre qui buvait de l'alcool pour se redonner une âme,

1. *France-Soir,* 23 avril 1974.

une autre qui hurlait son agressivité et son anxiété.

Chaque plan, chaque scène étaient répétés et répétés encore, parfois tard dans la nuit. Il régnait une atmosphère étrange, comme l'ombre d'un improbable théâtre mangeur d'hommes et de rêves. L'espace, le temps n'avaient plus de sens, ensemble ils allaient vers un point nul, celui d'une perfection inatteignable et fascinante, grille et seuil d'un monde différent.

Elle avait connu cela avec Visconti, cette certitude que la beauté constituait le seul univers réel dont le nôtre n'était qu'une antichambre où il venait se réfléchir. Toute sa vie, elle avait lutté pour en passer la porte, parfois aidée, parfois seule. De la violence investie demeurait simplement un frémissement. Elle restait aussi vulnérable qu'à l'aube de sa carrière.

Quelle importance ! Elle avait vécu. Elle avait vibré et crié, elle avait eu ces élans, ces peurs et ces joies folles des vivants. Le monde de l'argent, des calculs, des jalousies n'avait pas été le sien. Entre la prison et l'espoir, même mutilé, elle avait toujours choisi l'espoir.

Nadine Chevalier était une actrice ratée, le pire des échecs. A Berlin, fugitivement, cruellement, elle-même avait senti la peur d'une rupture déchirante avec ce métier qu'elle aimait. Lucide, elle savait que tout pouvait s'effacer : la reconnaissance, le succès, jusqu'au souvenir de son nom dans les mémoires.

L'évidence était là : pour les écartés, les oubliés, il n'y avait pas de retour.

Nadine sombrait peu à peu, inexorablement, elle s'abandonnait. Éliminée, le choix n'existait plus pour elle, il lui fallait accepter ce qu'on lui proposait, n'importe quoi, des rôles de survie. Cette déchéance l'avait stimulée : être Nadine, elle l'actrice comblée, pouvant choisir ses scénarios, ses rôles, ses réalisateurs, ses partenaires, était une manifestation de ses peurs les plus profondes, formulées par des gestes, des mots, des regards fardés sous le travestissement d'une femme humiliée. C'était cet exorcisme qui l'avait rendue aussi agressive et violente sur le tournage avec les curieux, les voyeurs, ceux qui observaient Schneider jouant Schneider.

Lorsqu'elle tournait, elle ne se protégeait pas, son visage était celui des femmes au paroxysme de l'amour : cru, brutal, trouble, lumineux, reconnaissant, selon les femmes et la façon dont elles ressentaient le plaisir. Pourquoi voulait-on ensuite la faire parler ? Raconter pourquoi et comment elle était cette femme-là ? Ces spectateurs, que savaient-ils des difficultés des comédiens ? Du fardeau qu'il leur fallait porter le temps d'un rôle ? Jamais elle ne l'avait déposé ce fardeau, jamais elle ne s'en était emparé à la légère. Son caractère tellement entier lui faisait donner tout, très vite, même si sa confiance se trouvait bafouée. La déception ne l'empêchait cependant pas de repartir.

Au fur et à mesure de l'approche du premier jour de tournage, le doute revenait doucement en elle, sournoisement, puis éclatait, l'investissait. Arriverait-elle à mobiliser assez de forces pour atteindre son but, aurait-elle assez d'énergie ?

Avec les tournages qui se suivaient et les années qui passaient, elle avait compris combien grande souvent était sa solitude. Qui était à sa hauteur ou juste à côté d'elle ? Si peu de gens... Leurs objectifs, leurs motivations lui échappaient et elle ne cherchait pas à les comprendre. Leur univers de compromissions, de calculs lui était étranger : un monde de morts-vivants qui la rebutait. On lui avait dit souvent qu'elle prenait les choses beaucoup trop au sérieux, c'était vrai. Elle était incapable de désinvolture. D'où lui venaient sa force, ses excès ? Ni de sa mère, ni de son père, ni même de sa grand-mère Rosa, ils lui venaient des fils qui avaient tissé l'étoffe de sa vie : Alain, Luca, Orson Welles, Claude Sautet, d'autres encore, liens tenaces et indispensables.

Son métier l'a faite, elle s'est donnée à lui, elle ne saurait plus vivre sans travailler, ou peut-être plus tard, à l'âge de la sérénité, lorsque le fantôme de ses personnages imaginaires l'aura abandonnée. Quelle parenté y a-t-il entre Sissi, Leni du *Procès*, Marianne de *la Piscine*, Hélène des *Choses de la vie*, Lilli la prostituée de *Max et les ferrailleurs*, Rosalie, Philomène du *Trio infernal*, Nadine Chevalier, Clara du *Vieux Fusil*, Marie, Katherine Mortable, Emma Eckert, Elsa Wiener de *la Passante ?* Aucune si ce n'est son visage, leur seule réalité. Elles le lui ont arraché, ce visage, le mettant sur le vide de leurs faces comme un masque. De leurs relations agressives, passionnées, intenses, surgissait une autonomie, fonction de leur dépendance, lampe support de la lumière, lumière témoignage de la lampe. L'important est le pouvoir de la lumière.

Elle a tout reçu : distinctions, honneurs, récompenses, partout elle se sait encensée, admirée, enviée. Pour elle-même ? Si peu la connaissent, si peu l'aiment vraiment. On désire à travers elle toutes les femmes. Ces images qui subsisteront d'elle et se maintiendront sur ses cendres la feront finalement survivre et triompher. Le combat a été rude et les blessures de toutes sortes ne lui ont pas été épargnées. Elle n'a eu de pitié ni pour elle ni pour les autres. Ce qu'elle a fait, les autres comédiens pouvaient le faire aussi. Il suffisait de le vouloir, de se donner entièrement et pas du bout des doigts. C'est l'indifférence qui tue la plupart des êtres, ils veulent récolter sans se salir les mains, prendre du plaisir sans offrir leur quota de sueur et de larmes.

Dans *L'important c'est d'aimer,* Jacques Dutronc l'avait totalement suivie dans son combat, il s'était donné comme il le disait lui-même « à fond ». L'un en face de l'autre, ils réagissaient à la moindre sollicitation, à la moindre émotion. Zulawski n'y était pour rien. Ils allaient bien ensemble...

A la fin du tournage, l'impression habituelle, étrange, l'avait pénétrée : cette joie et ce désespoir mêlés venus d'un moment achevé, cette sensation de nudité totale, de vulnérabilité, de dépossession. Il fallait poursuivre la route, laisser en chemin un peu de son jardin intérieur, seule protection contre la stérilité du monde. La tempête s'apaisait, le réalisateur redevenait simplement un homme avec lequel on pouvait parler de la pluie ou du beau temps. On se disait au revoir, les liens d'amitié ne subsistaient que rarement. Claude Sautet était une exception.

La vie reprenait : interviews pour la promotion du film avec la succession des journalistes, sorties publiques, photos. Puis à nouveau le silence, le temps retrouvé, les enfants, un livre parcouru, des scénarios à examiner, des décisions à prendre avec son agent Jean-Louis Livi qui sélectionnait d'abord les quelques histoires pouvant lui convenir, les vacances avant les préparatifs d'un autre film : discussions, fièvre, enthousiasmes, angoisses, la vie, un monde clos où elle avait sa place, où elle était reconnue. De cette sécurité, elle avait profondément besoin, peut-être depuis le temps où, jeune actrice allemande installée à Paris, elle s'était sentie terriblement exclue de par sa mauvaise connaissance du français, de par sa naïveté aussi.

Nadine Chevalier lui avait valu un César de meilleure interprétation féminine. « Ce fut très difficile », avait-elle reconnu avant d'ajouter : « Dans ce métier, j'ai toujours peur de ne pas aller jusqu'au bout de moi-même. Chaque film que j'accepte de tourner représente pour moi un pari qu'il me faut absolument gagner. Il faut toujours que je me surpasse. »

L'été 1974 était venu. Avec David elle était allée en Grèce avant de commencer avec Claude Chabrol *les Innocents aux mains sales*. Voyager avec son petit garçon avait été une aventure amusante, leur installation un grand bonheur. Puis la vie quotidienne en vacances, le rytme des journées, l'absence totale de toute contrainte, bien qu'apaisante, l'avait un peu ennuyée. David n'avait que sept ans et demi. Elle s'était mise à penser à Daniel, en séjour à Saint-Tropez. Depuis *L'important c'est d'aimer,* depuis son retrait passager, elle se tournait une fois de plus vers lui comme vers un ami, un homme capable de l'aimer, de l'écouter sans la persécuter. Il ne lui demandait rien. Elle allait avoir trente-six ans, elle était belle, de plus en plus belle, lui disait-on parfois. Sa beauté était son âme, son reflet. Elle se sentait, non pas sûre d'elle, elle ne le serait jamais complètement, mais sûre d'être sur la bonne voie, sûre de s'être bien choisie. Elle avait besoin d'aimer, pas de s'enfiévrer, besoin de se poser pour longtemps afin de rendre plus ferme, plus stable encore cette formidable joie de bien travailler. Après une journée de tournage, elle ne pouvait plus supporter de se retrouver seule.

Daniel ne l'attendait pas. Comme au Sénégal, elle l'avait rejoint, sachant lui avouer tout simplement qu'il lui manquait. Ils s'étaient réunis pour ne plus se quitter durant six années.

XIV

« Le Vieux Fusil »

Août 1975 : Montauban, la places à arcades sous le soleil du printemps. La présence de Daniel, de David, de Philippe Noiret, de Pascal Jardin. Dans ses souvenirs un moment d'une rare plénitude. Le zénith de sa vie de femme avec *Une femme à sa fenêtre* et *Une histoire simple,* dû à la conjugaison magique du succès et du bonheur.

Robert Enrico avait su persuader Philippe Noiret d'accepter le rôle de Julien Dandieu. Philippe, qui avait enchaîné cinq films à la suite était épuisé, mais la seule lecture du scénario l'avait convaincu. Cette histoire d'amour et de désolation, d'horreur et de tendresse, était une histoire de vie, une vraie histoire cruelle et émouvante. Noiret et elle s'étaient rencontrés pour la première fois lors d'un dîner chez Enrico à Paris. Elle était arrivée en retard, il s'en était irrité, c'était un rendez-vous manqué, le premier et le dernier avant une belle amitié.

Les Innocents aux mains sales, tourné avec Chabrol, venait de sortir à Paris. La critique n'avait pas été très bonne, mais elle l'avait défendu comme elle le faisait toujours pour « ses » films, malgré une mésintelligence avec Claude. Il l'avait laissée seule devant la caméra, elle supportait cela difficilement. Le relatif échec de l'entreprise ne l'avait pas profondément affectée pour deux raisons : elle avait fait de son mieux une fois de plus et elle était amoureuse. Lorsqu'un film se trouvait achevé, elle ne traînait ni hantises, ni états d'âme, ni nostalgie, ni triomphalisme. Elle avait donné en tournant, elle donnait encore pour la promotion, puis elle pensait à autre chose, se désinvestissant totalement.

Ce qu'elle voulait plus que tout en ce printemps 1975, c'était rendre le personnage de Clara inoubliable. A Paris et dans le Quercy, puis à Biarritz, ses trois semaines de présence avaient été totalement bouleversantes. Le sujet, cette femme heureuse lui ressemblant et que l'on torturait, assassinait, la présence de soldats nazis, la violence, tout l'avait frappée en pleine face. Devant ce déferlement d'émotions, elle ne pouvait se préserver.

Dans *le Vieux Fusil,* avant la scène de sa rencontre à la *Closerie des Lilas* avec Philippe Noiret, elle n'avait pu sortir de chez elle, malade d'une anxiété qui l'annihilait. Robert Enrico s'était fâché, avait menacé de lui envoyer un médecin, mais que pouvait comprendre un médecin à la peur qui la torturait ? Elle avait eu le courage de se dominer, d'aller une fois de plus faire ce métier exigeant et grisant parce qu'elle le voulait, parce que la volonté n'avait ni passé, ni présent, ni avenir. A Montauban, la présence de Daniel et de David l'avait tout à la fois stimulée et apaisée. Prête au combat, tendue de toutes ses forces, elle rentrait mieux en possession d'elle-même, même lorsqu'elle se réfugiait auprès d'eux dans sa caravane ou à l'hôtel.

Les paysages du Quercy étaient grandioses, une suite de rochers avec des passages étroits et verdoyants, des petites routes, de vieilles fermes à pigeonniers, et, dominant la vallée, les ruines du village et le château de la Barberie. Une nature somptueuse, sauvage, oppressante aussi. Là-haut, chaque bruit, chaque ombre étrange la faisaient tressaillir lorsqu'elle se concentrait mais, comme à chaque tournage, l'étrange mutation se faisait, elle devenait, elle était Clara.

Les scènes se succédaient dans sa mémoire, comme accélérées : sa chute dans l'escalier en colimaçon du château où elle s'était déchiré les coudes et les genoux, la scène du viol qui l'avait rendue réellement folle. Joachim Hansen et Robert Hoffmann, deux comédiens allemands jouaient les rôles des officiers SS. Lorsque Enrico leur avait expliqué leur comportement :

ils devaient participer au viol de Romy, la brûler au lance-flammes, tuer la petite fille, Hansen avait hésité : « Je vous demande simplement de ne pas être de la scène du viol ni de la tuerie. Mon père a été déporté par les nazis. »

Cette séquence atroce, elle l'avait interprétée en état second. Elle entendait encore les cris sauvages venant du fond de sa poitrine, des cris qu'elle ne pouvait contrôler. Tant de violence en elle, comment était-ce possible ? Où, comment, la petite fille blonde de Schönau l'avait-elle accumulée jusqu'au débordement ? Elle avait griffé, mordu le comédien jouant le soldat allemand qui la violait, il avait vomi, retourné par tant de haine. Enrico filmait, filmait sans pose, en une seule prise, il enchaînait dans l'ordre, on ne pouvait l'arrêter puis la faire recommencer.

Parfois, l'émotion l'emportait sur la brutalité, elle se sentait bouleversée, triste jusqu'au fond de l'âme. Lors d'une scène où, arrivant derrière elle, Philippe Noiret l'enfermait dans ses bras, elle avait pleuré sans raison, simplement parce qu'elle sentait la douceur, la force de son corps contre le sien et s'abandonnait à la sécurité qu'il lui procurait. Une à une ses larmes tombaient sur les mains de Philippe. Comprenait-il ? Certainement Philippe comprenait tout, comme Claire Denis l'assistante de Robert Enrico, son amie à elle. Ceux-là n'avaient pas besoin de l'interroger, comme les journalistes, ils

« voyaient » son âme « bochesse » aurait dit Jean-Claude Brialy, allemande, oui, terriblement allemande.

Elle avait besoin de mythes pour se sentir le droit d'aimer la vie sans mesure et pour se retrouver dans ses excès, pas de ces images simplifiées, illusoires, élaborées par les hommes au sujet des acteurs, mais des vraies, des légendes mythologiques venues des brumes de l'Est et qui avaient bercé son enfance.

En France, peu de gens comprenaient l'autre face de Romy Schneider et elle ne cherchait pas à l'exhiber. Entre la France et elle, c'était une histoire d'amour, et dans les histoires d'amour on n'offre à l'autre que ce qu'il veut bien prendre de vous. Pas plus.

Elle aimait les Français mais la liste des hommes qu'elle admirait le plus n'en comptait qu'un seul : « J'ai quatre maîtres : Visconti, Welles, Sautet et Zulawski. Le plus grand est Visconti. Il m'a apporté ce qu'il apporte à tous ceux qui travaillent avec lui, sa manière de pousser les choses le plus loin possible, sa discipline[1]. »

A leur contact elle s'était grandie, elle avait vieilli. Lorsqu'elle avait confié ces mots à une journaliste pendant le tournage du *Vieux Fusil* à Montauban, un regret lui était venu en mémoire, celui de ne pas avoir fait *Mademoiselle* de

1. *Télérama*, 9 avril 1975.

Jean Genêt. Elle aurait adoré incarner ce personnage. La malchance s'était glissée partout dans ce projet. Un soir où elle se trouvait en compagnie de Sam Spiegel, un des deux producteurs intéressés, et Losey qui devait réaliser le film, elle avait dit à Spiegel : « Tu ne vas pas au poker, tu signes ce soir ! » Il n'avait pas signé. C'était Tony Richardson qui avait fait le film avec Jeanne Moreau.

Ces événements imprévisibles : retards, annulation d'un projet, étaient courants dans ce métier où entraient en jeu d'énormes sommes d'argent. Rien n'était jamais sûr jusqu'au premier tour de manivelle.

En juillet 1976 elle s'était amusée à lancer le défi de monter une pièce itinérante de Paris à New York, de New York à Londres et de Londres à Vienne. Elle aurait joué successivement en français, en anglais, et en allemand. Cette déclaration un peu provocatrice et très utopique avait été prise au sérieux. La gloire semblait faire obstacle à l'humour. Elle l'avait toujours regretté.

Dans le Sud-Ouest, à la fin du tournage du *Vieux Fusil*, Daniel et elle avaient fait un peu de tourisme. Elle se sentait très loin de Paris, coupée de tout et c'était terriblement reposant. Aux informations elle avait appris la chute de Phnom Penh, la chute de Saigon, les convulsions du monde. Rien de tout cela n'atteignait le Quercy. Les auberges y étaient accueillantes, le printemps glorieux. Son divorce allait enfin aboutir, tout se conjuguait pour donner à sa vie la direction qu'elle désirait lui voir prendre : une famille, la stabilité. David, d'abord un peu réservé vis-à-vis de Daniel, l'avait totalement adopté. Ils n'étaient plus obligés de cacher leur affection l'un pour l'autre.

Elle souhaitait enfin se reposer. Plus de film avant 1976, le temps de vivre, d'arranger la maison de la rue Berlioz, d'y recevoir des amis, de choisir quelques scénarios avec Jean-Louis Livi et peut-être, elle le voulait si fort, peut-être un nouvel enfant.

Du *Vieux Fusil* demeurait intacte dans sa mémoire l'image du générique : celle de Julien Dandieu, de la petite Florence et d'elle, Clara, pédalant en riant au milieu de la forêt, suivis par le chien Marcel. Une image du bonheur, peut-être également un symbole de l'amour.

Le temps abîmerait ce reflet heureux : son ami Pascal Jardin le scénariste allait mourir ; François de Roubaix, qui avait écrit la musique, s'était noyé en Atlantique, quelque part au large des Canaries. Il n'y aurait plus de dîners d'anniversaire avec Pascal chez Ralph Baum. Le destin les réunissait puis les séparait. Plus qu'à Dieu, elle croyait en lui. Sa religion n'avait rien d'orthodoxe. Dieu était la puissance, la beauté, la cohérence. Il était peut-être ce que Luchino, le grand seigneur athée, aimait : la gratuité. Dieu, c'était la sensation diffuse et bouleversante lorsqu'elle frôlait l'absolu dans son travail ou dans un moment d'une relation humaine intense, qu'elle lui ressemblait et, que, à son image, elle aussi pouvait créer. C'était la seconde de bonheur fou après la longue angoisse et la volonté de revivre encore et encore cette anxiété pour connaître la même illumination. Dieu était continuité, l'homme poussière, fatalité.

En juin son divorce avait été prononcé, elle était libre, elle avait la garde de David. Harry ne ferait plus jamais partie de sa vie. Elle n'avait pas d'agressivité contre lui, seulement un peu de pitié pour ce qu'il était devenu.

Le 23 août *le Vieux Fusil* sortait à Paris : un triomphe que Robert Enrico, Philippe Noiret et elle se partageaient. « Ce film superbe l'est à cause de Noiret, vive Noiret », s'écriait *l'Aurore.* « Enrico a fait merveille... », « Romy Schneider, beauté et talent souples s'il en est, qui passe dans l'instant de la coquetterie la plus ambiguë à la pureté la moins équivoque, visage prodigieux où la vie inscrit, efface, inscrit encore ces choses mouvantes qui ont nom le désir, la peur, le rire, l'amour[1]. » « *Le Vieux Fusil :* une œuvre inspirée[2]. »

Cette « œuvre inspirée » récolterait plusieurs Césars : César du meilleur film 1975, César du meilleur acteur de l'année pour Philippe Noiret,

1. *La Croix.*
2. *France-Soir.*

César de la meilleure musique de film de l'année pour François de Roubaix. Elle était heureuse, pour elle, pour l'équipe. Tous ensemble, ils avaient bien fonctionné.

Sur un plateau, elle pensait, elle espérait n'avoir jamais joué à la « star » sauf, parce qu'elle était encore une enfant, à ses débuts en Allemagne et en France. Du jour où Jean-Claude Brialy s'était moqué d'elle sur le tournage de *Christine* avec le naturel qui était le sien, la traitant de petite fille gâtée et d'emmerdeuse parce qu'elle jetait rageusement à terre des robes qui ne lui convenaient pas, ajoutant que, en France, les comédiens ne se montraient pas aussi ridicules, elle avait abandonné tout caprice. Elle n'essayait pas d'être populaire ou gentille sur le tournage, elle désirait simplement, en faisant bien son travail, faciliter celui des autres. A l'occasion elle plaisantait, elle riait mais n'était jamais ni familière ni inconstante. Une star était une série de gestes et d'attitudes qu'elle ne voulait pas avoir.

Ils avaient passé l'été en famille, premières vacances depuis longtemps, où elle n'attendait personne, ne regrettait personne. En septembre elle s'était découverte enceinte, en décembre, le 18, à Berlin, dans un salon de l'hôtel *Gerhus,* Daniel et elle s'étaient mariés. Elle portait une robe à volants, une couronne de fleurs sauvages et ce bébé qu'elle espérait. Elle était totalement consciente de la présence du bonheur.

Daniel et elle se suffisaient à eux-mêmes, ils occupaient leurs soirées solitaires à parler, à s'écouter, à s'étonner de la joie qu'ils éprouvaient à demeurer seuls l'un en face de l'autre. Lorsque début janvier 1976, elle avait perdu l'enfant qu'elle attendait, il l'avait emmenée en voyage pour la distraire de son chagrin. Ce qui était manqué devenait futur à nouveau.

Certains matins elle se réveillait comme une adolescente, d'autres elle avait mille ans. Il fallait la percevoir, la capter, ne pas être un témoin passif. Daniel ne l'était pas. Elle n'avait plus le temps, la patience, des compromis et des jeux.

A chaque nouvel amour, chaque nouvelle rencontre, atteindre l'impossible lui semblait devenir réalisable. Avec lui, il n'y aurait pas de mots menteurs et usés, pas de souffrances, pas de désillusions, pas de ces ruptures qui font se séparer des rêves. « Je ne sais pas vivre seule », avait-elle avoué après son mariage, juste avant de perdre le bébé, « mais j'ai eu la chance de rencontrer un homme auquel je me suis profondément attachée. J'ai trente-sept ans, lui vingt-huit à peine. Pourtant cet écart d'âge ne m'effraie pas. En vieillissant, j'ai appris à apprécier le bonheur au jour le jour, à profiter des moments privilégiés[1]. »

Daniel comprenait tout, il savait que son

1. *Match*, 10 janvier 1976.

agressivité était provoquée par sa timidité, par son manque d'assurance, par un sentiment d'insécurité dans la vie, par sa crainte professionnelle de décevoir, que ses expressions dures, son ton autoritaire étaient destinés à camoufler ses craintes, ses anxiétés, ses faiblesses. Pardessus tout, il sentait combien il était impossible de dissocier chez les comédiens le travail de la vie privée. Daniel avait remarqué que le premier jour d'un tournage était pour elle un supplice. Avant lui, elle l'affrontait seule, dans un état d'irritabilité terrible. Désormais il était à son côté. Plus que n'importe quelle femme, elle avait besoin d'être rassurée.

XV

« Une femme à sa fenêtre », « Mado », « Portrait de groupe avec dame »

L'année 1976, année glorieuse pour elle, avait commencé dans les larmes : la perte de son bébé en janvier, la mort de Luca le 17 mars.

Évoquer Visconti, c'était penser à l'un des êtres ayant le plus marqué sa vie. Plus que son ami, il avait été son père, son créateur, détenant le pouvoir de l'exalter, de la libérer d'elle-même, de ses pudeurs, de ses inhibitions, de ses doutes. Despotique, mégalomane, généreux, génial, il avait de la création artistique une haute idée. Grand seigneur dans tous les sens du terme, Luchino ciselait, travaillait, ornait les êtres qu'il prenait en charge. A son contact, Alain avait trouvé sa dimension, son visage, une ambition maîtrisée, lucide, elle-même était devenue Romina, sa Romy, la vraie Romy Schneider.

Le 3 avril, lors d'une soirée au palais des Congrès où elle avait reçu le César de la meilleure interprétation féminine pour *L'impor-*

tant c'est d'aimer et pour sa création dans *le Vieux Fusil*, elle lui avait rendu un brillant hommage, une sorte de prière pour ne pas sentir trop durement les heures, les jours, les semaines, les mois qui allaient désormais les séparer. Daniel l'avait aidée, il lui arrivait même de rire avec lui de ses souvenirs. Elle était si jeune lorsqu'elle avait rencontré Luchino à Rome pour la première fois, si misérablement sûre d'elle et si immensément naïve avec son français mal maîtrisé qui permettait toutes les plaisanteries.

Jamais Luca ne s'était moqué d'elle, il aimait ou il n'aimait pas, mais il n'avait pas recours au mensonge ou à la dérision. Lorsqu'ils s'étaient dit « au revoir » la dernière fois, ils s'étaient longuement regardés. L'un et l'autre taisaient la question : « Nous reverrons-nous ? » Luchino, après un an de rémission, était à nouveau très malade. Ils avaient échangé un sourire tendre, elle n'avait pas pleuré, il ne faut pas voir ses amis pleurer.

Quelques mois plus tard, il lui avait proposé de jouer *l'Innocent* d'après d'Annunzio avec Alain, elle était enceinte, elle avait refusé sans savoir qu'il s'agissait du dernier film de son ami. Avec lui elle voulait faire un « remake » de *Sissi* : « La vraie vie d'Elisabeth d'Autriche. » Ils avaient sur l'impératrice le même regard, ils partageaient les mêmes émotions. La mort de Luca laisserait *Sissi* à sa légende sucrée.

Quelques jours après la cérémonie des Césars qui l'avait profondément émue, elle partait en Grèce rejoindre Pierre Granier-Deferre et son équipe pour *Une femme à sa fenêtre*. Philippe Noiret était à nouveau son partenaire, le cher Philippe du *Vieux Fusil*, son Philippe qui disait d'un être ayant son estime : « C'est une belle personne », un homme donnant l'impression de vouloir se tenir à distance des autres, mais tellement sensible et tendre qu'il devait se garder, rester témoin parfois pour ne pas trop se blesser.

A Delphes, sous la lune, le temple d'Apollon traversait, hiératique, l'immobilité de la nuit. Sa peur avant chaque plan de tournage devenait offrande à la terre grecque. Là-bas elle n'avait craint ni le soir, ni l'ennui, ni la défaillance tellement redoutée. Il faisait chaud déjà, mais une chaleur de mai, légère, vivante. La vie était-elle autre chose ?

Elle aimait les segments de lumière coupant les formes à midi, les murs blancs, aigus, sur le ciel bleu, les ombres même ramenées par le soir. En un instant le vent tombait, il faisait nuit.

La Grèce avait été un chemin de quiétude. Daniel était au Liban, en reportage, dans ce pays déchiré par les combats où Elias venait d'être élu à la présidence de la République. La bataille faisait rage, au mois de mai on avait compté plus de mille morts. Athènes n'était pas loin de Beyrouth, Daniel était venu passer un moment avec elle, avant de repartir. Les nouvelles de lui étaient aléatoires, rares, mais leur tendresse creusait entre eux un sillon impossible à obstruer. Ils partageaient des liens physiques très forts, mais chaque geste, chaque choix, chaque pensée étaient chez elle passionnels. Elle ne pouvait exister autrement, elle ne pouvait vivre qu'en état d'amoureuse, juger, décider qu'en fonction d'une sensibilité affective. Elle le savait. Dans ses appartements, sa maison, les objets n'avaient jamais été placés dans le souci d'une belle symétrie mais relativement à ce qu'ils représentaient pour elle. Si elle échouait à garder ce qu'elle aimait, à maintenir l'harmonie, c'est qu'elle n'avait pas été à la hauteur. Jamais elle ne s'était fait de concessions, l'émotion demeurait toujours la plus forte.

Lorsqu'elle dormait mal, seule dans sa chambre d'hôtel, elle regardait le ciel de Grèce, sentait les odeurs de la nuit. Parfois, fugitivement, une peur soudaine, irrationnelle, lui faisait craindre de perdre ce bonheur tellement voulu, elle se raisonnait, allait jusqu'à la table-bureau, écrivait des petits mots à ses amis, de court billets, liens de tendresse la reliant à eux, l'empêchant de se sentir tout à fait seule. Le chagrin de la perte du bébé s'estompait, elle en aurait un autre, elle le voulait, et cette perspective, bien avant même que l'enfant ne fût conçu, était joie.

Avec Victor Lanoux, son partenaire, elle jouait la passion sans la ressentir, mais simuler n'était-il pas une sorte de vérité ? La passion restée solitaire, sans adversaire, était dépourvue de danger mais présente cependant dans ses regards, ses attitudes, ses mots. Elle aimait la passion pour la passion, comme une nourriture.

Pierre Granier-Deferre affectionnait les femmes, avec lui les comédiennes se sentaient sûres d'elles, ni violentes ni abandonnées. « C'est avec les femmes que l'on peut aller le plus loin, disait-il. J'aime leur chaleur, leur senteur, leur parfum. Et puis il me semble qu'elles sont plus directes et moins prétentieuses que les hommes..., elles vivent, elles essaient de vivre, d'être heureuses. L'homme, si souvent, est tellement dérisoire[1] ! » D'elle, il déclarait : « Elle accepte tout, même s'il lui arrive de renâcler. Quand on lui demande un rien de sensibilité, elle offre tout le désespoir du monde. Elle a la générosité extravagante des gens culpabilisés par on ne sait quoi[2]. »

Comment se donner un petit peu ? aux trois quarts ? Elle ne le savait pas, elle n'avait pas envie de le savoir. Pour elle, la générosité c'était de tout donner, pas uniquement l'excédent ou

1. *France-Soir,* 11 novembre 1976.
2. *L'Aurore,* 10 novembre 1976.

les restes. Éprouver des sentiments extrêmes était indissociable de son existence. Certains disaient « sa thérapeutique ». Cela voulait-il signifier qu'elle était malade quelque part à l'intérieur d'elle-même ? Mais que voulait dire ce mot ? N'était-ce pas plutôt ceux qui n'éprouvaient aucun trouble qui étaient anormaux ?

Juillet avait amené le début des grosses chaleurs. Aucun nuage, un ciel comme le lac. Le soir elle restait la dernière dans le théâtre antique de Delphes pour faire le plein de silence, échapper aux contraintes du réel, ajouter encore un peu de beauté à sa propre substance. « Adieu, lui disait Philippe Noiret, tu éteindras tout. »

Le soir, avec les senteurs de terre chaude levées par la fraîcheur du vent, elle aimait sortir, aller dîner avec l'équipe dans les tavernes grecques, rire, boire du vin résiné, fumer quelques Marlborough, parler de tout sauf de *Une femme à sa fenêtre*. A huit heures trente elle était prête à tourner sous le soleil déjà haut. La chaleur faisait luire son maquillage, « l'état second » de la comédienne l'investissait.

Une semaine plus tard, elle serait de retour à Paris pour tourner *Mado* avec Claude Sautet : un tout petit rôle, une participation plutôt, mais qu'elle avait voulue, demandée.

Le temps de défaire ses valises et elle reprenait le chemin des studios. Claude l'attendait, l'alchimie entre eux ne souffrait d'aucune atteinte, jamais les années n'auraient la moindre prise sur leur bonheur d'être ensemble.

Mado était difficile à interpréter pour elle, difficile et douloureux. Hélène, l'alcoolique à la dérive, la mal-aimée, la trop amoureuse, réveillait en elle une vulnérabilité angoissante : sa propre faiblesse en face de l'alcool. Dans ses moments de fatigue, de découragement, d'angoisse trop vive, l'alcool l'avait aidée. Le vin blanc et les tranquillisants. L'Optalidon, pris à haute dose, dénouait l'anxiété, la contraignait à ne plus demeurer solitaire. Lorsque la peur ou la violence l'envahissaient, faisant trembler ses mains, serrant sa gorge, il lui fallait absolument une aide, une force supplémentaire pour les vaincre ou peut-être plus simplement pour ne plus les ressentir.

Elle n'avait pas vraiment voulu cela mais ces moyens d'oubli lui étaient devenus nécessaires. Le seuil fragile au-delà duquel venait la destruction était familier, elle ne le redoutait pas. Lorsqu'elle avançait trop vite ou lorsqu'elle se trouvait plus vulnérable, elle tombait d'un seul coup. On la ramassait là où elle se trouvait, on la réconfortait, on la soignait, elle redevenait entièrement dépendante de l'amour des autres et cet assujettissement était une béatitude.

A de nombreuses époques de sa vie, elle avait eu ces moments de détresse, elle avait ressenti l'impression d'être bloquée dans une prison intérieure. La peur venait lentement, avançant comme une bête rampante, la nuit surtout, lorsque, une fois de plus, elle ne pouvait dormir. Peu à peu l'insomnie s'était installée, avec comme seule échappatoire les petits mots écrits aux amis, le champagne, le bordeaux ou le vin blanc. Demeurer seule avec elle-même la faisait grelotter.

Ses rapports avec l'alcool étaient ambigus, au fil des ans ils semblaient indiquer qu'elle était, au plus profond d'elle-même, de plus en plus incertaine d'être heureuse, ils montraient également combien son métier pouvait être moralement épuisant.

Richard Burton, confronté à ce même problème, avait déclaré : « Je trouve parfois ce métier d'acteur trop limité et trop contraignant. Le cinéma me dévore au point d'étouffer toutes mes autres velléités. J'y suis venu par hasard et peut-être par défi. J'ai cent fois commencé un livre, des poèmes, voulant échapper à cette prison dorée. N'est-il pas extravagant de passer le plus clair de son temps dans la peau d'un autre, tenu à exprimer le plus souvent des idées et des sentiments à l'opposé de ce que j'éprouve, alors que mon esprit se passionne pour tant d'autre choses et que ma vie passe sans que je puisse enfin m'exprimer ? »

Difficile pari de pouvoir être multiple et harmonieux, éparpillé et cohérent. La fausse euphorie suppléait le courage lorsque celui-ci venait à manquer, camouflait la lassitude, différant toute intériorisation. Depuis son deuxième mariage, tournant beaucoup moins, ne sortant presque plus, elle buvait modérément. L'alcool est toujours une absence à combler.

Devant Claude Sautet, Michel Piccoli et Jacques Dutronc, jouer le rôle d'Hélène n'avait pas été trop bouleversant, leur regard amical l'avait aidée. Elle travaillait, n'était pas le personnage, mais elle l'avait ressenti très profondément. L'équipe entière avait été très profondément émue par son unique scène, elle l'avait tournée dans le silence, sans maquillage.

Quelques vacances en août et puis le départ à Berlin pour interpréter Leni du *Portrait de groupe avec dame* d'Aleksander Petrovic, d'après un livre d'Henrich Böll, prix Nobel de littérature. La production avait loué une grande villa où elle s'était installée pour de longues semaines de tournage.

Dans ce film, elle s'était investie considérablement. Elle aussi avait été une étrangère dans son propre pays. Le rythme de travail était effrayant, jusqu'à seize heures par jour, mais elle avait fait face. Elle lisait *La nostalgie n'est plus ce qu'elle était* de son amie Simone Signoret, elle téléphonait à David, elle écrivait.

En Autriche, où avait lieu une partie du tournage, la voiture où elle se trouvait avait dérapé et basculé dans un fossé. Elle avait pleuré sous le choc nerveux des heures et des heures. Elle était fatiguée, elle était enceinte de Sarah.

Un monde de sensations la plongeait désormais au cœur de la réalité. Son corps, son ventre devenaient futur, le temps était passage de l'extérieur vers l'intérieur. Pour elle, il avait toujours été plus difficile de recevoir que de donner parce que, se méfiant des autres, elle ne voulait pas accepter de dépendance. L'enfant à venir la possédait et elle se laissait prendre, abandonnant toute autodéfense, toute intégrité.

Pendant l'année 1977, elle ne tournerait aucun film.

XVI

1978-1979 : « Une Histoire simple », « Liés par le sang »

« Je voudrais que tu écrives une histoire de femmes parce que j'en ai un peu marre que ce soit toujours des histoires de mecs ! » Elle avait dit ces mots à Claude Sautet, juste après *Mado*. Il lui avait répondu : « Je vais y penser. »

Il s'était mis au travail avec Jean-Loup Dabadie, dévoilant parfois quelques fils du scénario, quelques indications. Elle avait tellement confiance en lui qu'elle n'en demandait pas plus.

L'année où Claude lui écrivait *Une histoire simple*, elle mettait au monde Sarah. Après *Portrait de groupe avec dame*, elle s'était repliée chez elle pour l'attendre. L'appartement de la rue Berlioz la protégeait, ses murs la séparaient des autres, la rapprochant de ceux qu'elle aimait. Elle écoutait de la musique : Mozart, Bach, Bruckner, Mahler, buvait des thés bien chauds avec un peu de cognac en tricotant un cache-nez pour David, regardant s'arrondir son ventre avec une fierté de jeune mère. Daniel, David et elle restaient le plus souvent possible dans leur maison, parfois elle faisait un peu de cuisine, une salade de pommes de terre à l'allemande, une salade de fruits au melon, ses spécialités, recevant quelques amis fidèles comme Michèle de Broca, Ralph Baum, Jean-Louis Livi, Jean-Claude Brialy, le seul à qui elle pardonnait une ironie parfois un peu méchante parce qu'il la faisait rire depuis près de vingt ans.

Sérénité, tendresse, gaieté faisaient office de dénominateur intime et immatériel dans un lieu, son appartement, qui les rassemblait autour d'elle. Elle était la terre, l'espace de la fête, une courbe parfaite, achevée.

Si elle désirait rejoindre à nouveau cet univers, elle n'y parviendrait plus. L'incendie avait brûlé tous ces plaisirs, laissant derrière lui le silence. Il y avait eu dans ce temps-là quelque chose de fabuleux, de proprement irréel et fantastique, un équilibre, mot singulier qu'elle connaissait bien mal. Immobilité, attente, promesse, autant de mots gravitant vers la source, vers l'enfant. L'apaisement était proche, presque atteint, l'émotion ne l'écorchait plus.

Ils étaient partis pour Ramatuelle où Sarah devait naître. Sa maison, toute proche de celle où avait été tourné *la Piscine*, était plantée dans le décor bleu, sec et lumineux du Var. Ils dînaient tard sous les étoiles, en famille ou en compagnie d'amis intimes. Les bergers allemands Lucas et César qu'elle avait offerts à Daniel étaient couchés à leurs pieds. Ces deux chiens venaient après toute une suite d'autres animaux ayant vécus avec elle. Toujours elle en avait possédé depuis son enfance : Seppl le basset, Kira le dalmatien, puis Adonis le labrador, Laurel le basset artésien, Balzac un chat. Tous avaient été aimés, choyés, certains étaient restés longtemps auprès d'elle, d'autres elle s'était séparée assez vite. Laurel qui était fou avait été offert à une tante de Daniel, Adonis était parti chez la nurse de David en Suisse, Balzac chez sa gouvernante espagnole. Lucas et César resteraient à Ramatuelle après son divorce d'avec Daniel et la vente de sa maison.

Juillet n'était pas trop chaud cette année-là, le sommeil revenait, la protégeant, comme la mettaient à l'abri les bras de Daniel, ceux de David et l'oreille qu'il posait sur son ventre pour écouter l'enfant. Il lui semblait avoir enfin trouvé la clef du passage entre elle et les autres sans pressentir que cette même clef pouvait à la fois ouvrir et fermer. Arabesques de la lumière sur la table où ils déjeunaient, fluidité du soleil pénétrant les couleurs, les faisant éclater, fulguration du jour entre le matin et le crépuscule, immobilité, attente. A désigner l'absolu, on mesure soudain sa distance. Il devenait évident qu'il lui fallait ces hauts murs de silence pour écouter des voix intérieures apaisantes, celles-là même qui maintenant la harcelaient.

Un dimanche, dans la nuit, après un déjeuner et un après-midi passés avec des amis, elle avait réveillé Daniel. La poche des eaux s'était ouverte.

Ils étaient partis pour la clinique de l'Oasis où on l'avait couchée. Pas de hâte, il fallait attendre. Une semaine, elle était restée allongée, retenant sa joie, remuant les pensées anxieuses, fugaces mais incessantes. Daniel, David venaient la voir, la rassuraient. Elle avait les cheveux épars, le teint doré des vacances, le visage rond et voluptueux des femmes au zénith de leur vie. L'impatience qui l'habitait la faisait tantôt rire, tantôt pleurer, abolissait la notion du temps, la centrait sur elle-même.

Après une semaine, le médecin avait décidé de pratiquer une césarienne. L'inquiétude revenait, la submergeait. Le bébé était en avance, trop en avance. Dix fois elle avait posé des questions auxquelles on répondaient évasivement, dix fois elle avait cherché dans le regard de Daniel une certitude.

Lorsqu'elle s'était réveillée après l'opération, lorsque la douleur irradiant de son ventre lui avait permis de formuler une pensée, des mots, elle avait interrogé. C'était une fille, sa petite Sarah Magdalena, sa Puppi, un minuscule bébé mis en couveuse mais parfaite, merveilleuse.

Les paroles murmurées l'éblouissaient, elle avait ouvert les yeux, accepté le bonheur comme un envahisseur. L'amour était un édifice où elle venait d'ajouter une pierre infime et fondamentale, imposant à ses questions un ordre et un sens.

Les mois qui avaient suivi n'avaient rien ôté à cette harmonie. La nurse Bernadette, Nadou, s'occupait avec elle de Sarah, elle venait la voir dormir sur la pointe des pieds et repartait heureuse et sereine. David allait au lycée de Janson-de-Sailly, il s'y faisait appeler Biasini, pas Meyen. Sans doute n'avait-elle pas compris plus tard combien ce désir si intense, si émouvant d'une stabilité familiale, pouvait être profond, combien David était attaché à Daniel. Son vrai père, Harry, l'enfant ne le voyait que deux semaines par an, pendant de courtes vacances où il ne cessait de déverser sur son fils amertume et griefs. David revenait d'Allemagne bouleversé, dur, sur la défensive. Il lui fallait ensuite des jours et des jours de tendresse, de gaieté pour le détendre. Il aimait Ramatuelle, mais lorsqu'elle avait voulu l'installer à Sol-Sud avec Sarah et Bernadette, l'inscrire en classe dans le Var, il s'y était ennuyé et avait demandé de rentrer à Paris. Son enfance ne serait pas protégée, paisible, isolée comme la sienne à Schönau, elle l'avait très bien compris, accepté. A cette époque, elle avait essayé, vraiment essayé de donner des bases solides, indestructibles à sa vie, sans savoir qu'avant tout, il fallait qu'elle se donne ces bases solides à elle-même. Le reste n'était que cartes balayées par le premier vent.

Les projets se précisaient, des dates se fixaient : d'abord *Lulu* pour Liliana Cavani, d'après l'œuvre de Frank Wedekind avec Raymond Danon et Ralph Baum à l'automne puis, l'été 1978 le nouveau Sautet écrit pour elle, un film avec Tavernier, un autre, *Take Over*, sous la direction de Joseph Losey. Seuls se feraient *Une histoire simple* et *la Mort en direct*. *Lulu*, elle refuserait de le tourner après un différend très vif avec Liliana Cavani, qui voulait lui imposer une interprétation du personnage absolument à l'opposé de sa propre sensibilité. Elle n'était plus femme maintenant à se laisser imposer quoi que ce soit.

L'été était venu et le moment de retrouver Claude Sautet. Sarah avait un an, elle était blonde, ronde et rieuse. Tout le monde s'accordait à lui trouver une ressemblance frappante avec elle. C'était vrai, lorsqu'elle se regardait en photo dans les bras de sa mère à Schönau, elle y voyait le visage de sa petite Sarah.

Claude retrouvait Rominette, Rominette Claude. « La bande à Sautet » s'était reconstituée, fonctionnait à merveille. Sur le plateau, un échange de regards suffisait entre le metteur en scène et la comédienne pour qu'ils se comprennent. Chaque plan, parfaitement conçu, répété, filmé par Claude, pouvait cependant être repris encore et encore jusqu'à la perfection : « Je ne suis pas encore au point, c'est ma faute. Veuillez m'excuser. » Aucun retard cependant, même lorsqu'elle avait dû abandonner le tournage quelques jours, souffrant d'un abcès dentaire douloureux.

Il devait faire beau, la pluie tombait, le directeur de la photographie avait fait des prouesses pour donner l'illusion du soleil. Elle aimait observer les techniciens, rien sur un plateau ne lui échappait. Son perfectionnisme n'avait pas de bornes. Entre chaque prise, Sautet et elle se retrouvaient, il lui parlait à voix basse, elle l'écoutait. Quelque chose de très fort se passait entre eux jusque dans leurs silences. Avec Welles, Losey, il y avait eu également des échanges profonds mais sa confiance était à Claude, entière, absolue. Elle aimait sa violence, ses émotions, sa générosité, reflet de ses propres sensations affectives. Claude lui avait appris beaucoup sur elle-même.

Après *Mado*, il lui avait dit : « Je tournerai avec toi quand tu auras quarante ans. » C'était sur le plateau de *Une histoire simple* qu'elle lui avait répondu par l'intermédiaire d'un journaliste : « Quand j'en aurai cinquante et s'il me veut complètement ravagée, j'irai. C'est une déclaration d'amour[1]. »

1. *Le Nouvel Observateur*, 27 novembre 1978.

Elle avait besoin de communiquer sans cesse avec lui afin de maintenir intact ce fil de tendresse, de compréhension les unissant. Lorsqu'ils ne pouvaient pas se parler, elle lui écrivait de courts billets ou des extraits de ses lectures. Un jour une page de Freud, le lendemain un extrait du *Refuge et la Source* de Jean Daniel. Il lui fallait tout partager avec Claude comme avec ceux qu'elle aimait. Les rapports faits de bouts de moments ou de bouts d'attention lui étaient étrangers.

Une histoire simple était une histoire d'amitié entre femmes comme elle-même n'en avait pas vraiment vécue : Christiane, une journaliste allemande avec laquelle elle avait été très liée autrefois, Michèle de Broca, la marraine de Sarah, et puis Moussia sa coiffeuse, Mia sa coloriste, quelques autres pouvaient se dire ses amies. Elles n'étaient pas nombreuses. Faire naître, grandir une amitié était difficile, elle n'en avait pas eu le temps. Son travail, ses hommes aussi, l'avaient trop accaparée.

Lorsqu'elle avait tourné *Une histoire simple*, elle était heureuse, cela se voyait sur son visage : moins d'alcool, plus de sommeil, moins d'angoisses, de tension nerveuse. Ses vies professionnelle et privée se conjuguaient avec bonheur, elle était au sommet de sa carrière, jamais on ne lui avait proposé autant de rôles passionnants. Elle ne pouvait les refuser.

Ce film avait été un beau film, un monde de

sensations la plaçant au cœur de la réalité. Marie n'était pas elle, mais elle était devenue Marie. Parfois, fugitivement, elle avait la sensation d'avoir « réellement » vécu la vie de toutes ces héroïnes dont elle prenait l'identité. Claude disait : « Romy n'est plus seulement une femme et pas non plus une actrice, mais la synthèse de toutes les femmes, penchant profond qui donne un autre sens, plus plein, à leur vie... »

Le soir, il lui fallait abandonner Marie, être Romy à nouveau rue Berlioz au milieu des siens. La transition n'était pas toujours facile. Elle demeurait habitée par son rôle, préoccupée par le tournage du lendemain, mais il fallait écouter les enfants, les prendre dans ses bras, parler avec Daniel, vivre une autre vie... sa vie.

Après la naissance de Sarah, comme après la naissance de David, le point fort de sa relation avec un homme avait été atteint. Amoureuse de ses propres joies, la venue d'un enfant lui apportait un plaisir rendant les autres de moindre importance. La maternité, facteur de stimulations intenses, donnait un sens, une direction à ses bonheurs futurs. Parler de ses enfants, dire à tous combien elle les trouvait merveilleux, la faisait mère et lui donnait une incomparable sérénité. Ses enfants étaient le port la mettant à l'abri des tempêtes.

Elle avait fêté le 23 septembre, à la fin du tournage, ses quarante ans. Il y avait eu une fête et un dîner chez Ralph Baum avec Pascal

Jardin. Elle ne savait pas qu'il était déjà malade et que, ensemble, ils n'avaient plus qu'un anniversaire à passer. A la fin de l'année, elle partait pour la Sardaigne et Munich tourner *Bloodline* de Terence Young avant de commencer *Clair de Femme* avec Costa-Gavras. Elle avait accepté *Bloodline (Liés par le sang)* pour Terence Young, afin de le remercier de la gentillesse qu'il avait témoignée à son égard lors du tournage de *Triple Cross*. Elle était alors enceinte de David et avait du mal à travailler.

« Je te le rendrai », lui avait-elle promis à la fin du tournage. Elle voulait toujours tenir sa parole.

Après *Clair de Femme*, elle enchaînerait très vite *la Mort en direct* de Bertrand Tavernier, puis *la Banquière*.

Les films se succédaient, la comblant, mais rendant sa vie chaotique. Un jour, se disait-elle, elle s'arrêterait, un jour, elle se reposerait. Après chaque tournage, elle se répétait ces mots. Croyait-elle toujours à ses futurs petits-enfants, à une existence à la campagne, à une vieillesse sérieuse ? A Boissy-sous-Avoir, elle fermerait les portes et les fenêtres de sa vie pour que l'apaisement ne puisse la quitter, pour que le temps s'arrête entre présence et absence, dans cet espace mitoyen, transparent et flou qu'est la plénitude.

Le 3 février 1979, elle obtenait pour *Une*

histoire simple un deuxième César de meilleure interprétation féminine qu'elle dédiait à Claude Sautet et à toute son équipe.

A cette date précise, elle ignorait encore que la mort allait entrer dans son existence.

XVII

« La mort en direct », « La Banquière »

1979.

Ce jour de février où elle avait reçu son César, elle était apparue à tous rayonnante, comme un point idéal d'harmonie avant le mouvement décroissant de la partition. Elle se sentait forte et calme.

— Toutes les ombres se sont éloignées, confiait-elle à une journaliste.

— Quelles ombres ?

— L'ombre des hommes qui m'ont dit qu'ils m'aimaient et qui, en réalité, ne m'ont rien donné. L'ombre des névroses qui m'ont forcée à prendre des pilules pour les surmonter et garder la tête froide pour continuer à travailler. Je n'ai jamais été heureuse comme je le suis maintenant. Je vivais dans la hantise d'une trahison, d'un abandon. Il y avait beaucoup trop de raisons pour que mon bonheur soit menacé. Personne ne semblait pouvoir m'aimer comme Daniel[1]. »

1. *Ciné-Revue,* 22 février 1979.

Sarah avait dix-huit mois, David douze ans. Il grandissait beaucoup, devenait sportif, son visage d'homme se dessinait. De temps à autre, il parlait de devenir lui aussi comédien, une quatrième génération chez les Albach-Retty, pourquoi pas ? Elle saurait le conseiller, lui éviter les danger qu'elle avait affrontés. Ils parlaient beaucoup ensemble, se comprenaient.

En août, elle était partie en vacances au Mexique avec Daniel, pour faire le plein de repos et de soleil avant d'être Katherine Mortenhoe, le personnage si difficile, si douloureux de *la Mort en direct*. C'était là, le 15 avril, jour de Pâques, qu'elle avait reçu un télégramme lui annonçant la mort brutale d'Harry Meyen. Il s'était pendu avec une écharpe blanche dans la bouche d'aération de son appartement de Berlin, quatorze années après leur première rencontre. « Je m'en doutais, avait-elle murmuré. » Harry était propulsé vers le néant depuis longtemps déjà : trop d'échecs, trop d'alcool, trop de blessures aussi. Depuis des années, il vivait sous le signe de la nuit.

Si elle fermait alors les yeux, surgissait l'image d'un corps inoffensif, se balançant, inutile, musique achevée, reproche malsain, douloureux, insupportable. Sa mort se voulait victoire définitive.

Comment David allait-il réagir ? Il parlait très peu de son père, Harry avait disparu de leur existence à tous. Pourquoi fallait-il qu'à l'homme ayant cessé d'exister, la mort rende la vie ?

Elle était partie pour Berlin afin d'assister aux obsèques. On l'avait attendue avant de mettre le corps en bière. Dernière rencontre. Des jours et des jours resurgissaient dans sa mémoire... Elle avait vraiment aimé Harry, mais avait-elle eu l'intelligence de l'amour ? Le jouer, l'exprimer était facile, le construire bien plus malaisé. L'ouragan masquait la véritable force de vie, celle opiniâtre, minuscule, puissante de l'abnégation. Comment s'oublier soi-même au milieu de tant d'adulateurs ? L'intelligence, la lucidité, le bons sens pouvaient-ils suffire à bloquer la serrure de cette porte construite pour la séparer des autres ? Par la force des choses, elle était obligée de se défendre sans cesse contre les convoitises, les curiosités, au détriment de tout oubli de soi. Comment rester confiante lorsque maintes et maintes fois elle avait été blessée par l'intérêt, la lâcheté, la jalousie venant parfois des plus proches parmi les siens ? Il était nécessaire de ne pas céder, de s'affirmer d'autant plus violemment que l'on doutait de soi. Elle avait aimé totalement ses hommes, ceux d'un instant, ceux d'un long moment, ceux de toujours, elle avait exigé d'eux qu'ils se donnent autant qu'il pouvaient se donner, mais souvent ils avaient triché, ils s'aimaient à travers elle, parce que Romy Schneider les aimait.

Lorsqu'elle voulait un homme, elle l'avait, elle n'avait pas à se surpasser, mais elle essayait cependant, parce que son plus grand plaisir était précisément ce défi posé à elle-même. Même après avoir tout donné, trop donné, elle se savait encore limitée comme si elle se heurtait à la certitude, diffuse mais implacable, de ne pouvoir être l'amante et l'aimée, la créatrice et l'objet, la mère et l'enfant. Toutes les apparences de la vie offraient un miroir où elle aimait se voir mais, à l'intérieur d'elle-même, le doute ne cessait de la harceler. C'était en devenant une autre, en faisant souffrir, aimer, mourir ces femmes dont elle prenait l'identité qu'elle se sentait pour un moment protégée, invulnérable.

« De mémoire de rose, on n'a jamais vu mourir de jardinier », avait écrit Fontenelle. Les roses disparaissaient, le jardinier demeurait. Pour combien de temps ? N'allait-il pas s'user à voir s'en aller ces fleurs auxquelles il avait tout donné ? Existait-il encore ou n'était-il seulement que le regard des roses ?

La presse avait raconté chacune de ses romances, parfois réelle, parfois imaginaire. Peu lui importait, mais le regard des autres pesait sur son propre regard. Elle en riait avec Alexandre son coiffeur et ami, avec Michel Deruelle son maquilleur, avec Mia, avec Moussia. Elle savait être gaie, jamais légère ni superficielle. L'opinion d'autrui, malgré le mépris apparent qu'elle semblait lui opposer, la figeait, la dominait. Tout ce qui était diffus, mais omniprésent, contraignant, menaçant la terrifiait. Plus elle avançait en âge, plus cette insécurité l'habitait.

Après le suicide d'Harry, la presse — notamment la presse allemande — ne l'avait pas épargnée. On lui attribuait la responsabilité de sa mort. Ne l'avait-elle pas abandonné, ne lui avait-elle pas pris son enfant ? Comment oublier ces trahisons, comment les pardonner... Ses rapports, déjà tendus, avec les journalistes de son pays, s'étaient définitivement détériorés. Elle ne voulait plus jamais avoir affaire à eux.

Il avait fallu surmonter sa tristesse, aider David. Plutôt secret, il ne montrait pas ce qu'il ressentait. La présence, la tendresse de sa mère s'en trouvaient d'autant plus nécessaires. En juillet, elle avait installé les enfants à Ramatuelle puis elle était partie pour Glasgow où devait se tourner *la Mort en direct*. A Roissy, elle avait pris le temps d'écrire un petit mot à Bertrand Tavernier : « Je serai ta Katherine. Je le serai tout le temps, jusqu'au bout. Cela me fait peur, mais je le serai. Je la jouerai sans aucun apitoiement, sans aucun sentimentalisme, elle est trop fière pour cela. Et j'espère que tu m'aideras. »

Il l'avait aidée, tout le monde l'avait aidée. Malgré la dureté du scénario, la violence intériorisée de certaines scènes, l'ambiance était au rire, à la détente. Harvey Keitel ayant des méthodes de travail différentes des siennes, il n'y avait entre eux aucun rapport de force. Il fallait jouer « à nu » sans maquillage, enlaidie souvent mais elle avait une telle confiance en Bertrand qu'elle ne protestait jamais. Jour après jour le film avançait, elle ne voulait ni en parler ni voir les rushes, juste se laisser porter par le personnage de Katherine, cette femme atteinte d'un cancer dont la mort lente était filmée en vue d'un spectacle télévisé par un homme ayant une caméra greffée dans le cerveau.

A Glasgow, il pleuvait souvent. De la campagne écossaise, verte, mauve et rousse, parsemée de lacs, de rochers, émanait cette nostalgie pleine de mystère et de beauté qu'avaient certains paysages allemands. Avec Daniel, ils l'avaient survolée en hélicoptère. C'était un beau souvenir, un souvenir gai.

Le soir, ils dînaient tous ensemble. Elle n'éprouvait pas sur ce tournage le besoin de s'isoler comme elle le faisait souvent. Elle observait Harvey Keitel lui aussi tellement détendu. Quelques heures auparavant, il s'était raconté et re-raconté la mort de son chien, empoisonné par sa faute, afin de pouvoir pleurer. Les larmes chez elle venaient spontanément, dès l'instant où l'émotion la submergeait. « Elle fonce sans crainte, disait d'elle Bertrand Tavernier, elle n'a peur de rien et va même quelquefois si loin qu'on doit la retenir. Elle n'a besoin d'aucune préparation[1]. » David avait un tout petit rôle dans le film. Katherine Mortenhoe, femme sans enfants, se sachant condamnée, s'arrêtait dans un jardin pour regarder jouer des garçons et des filles, symboles de vie. Ses yeux s'arrêtaient sur David, le contemplaient longuement. Il représentait cet avenir qui lui était refusé. L'été était presque passé. Devant partir au Festival de Taormina en Sicile, elle avait eu très peu de temps cette année-là pour voir ses enfants à Ramatuelle. Et pourtant elle avait tellement besoin d'eux ! Même absents, ils tenaient la place principale dans son cœur. Elle téléphonait chaque jour. Tantôt, ils se parlaient longuement, tantôt les enfants, occupés à quelque jeu, la quittaient aussitôt. Bernadette la rassurait, tout allait bien, Sarah adorait l'eau, David jouait au tennis. Il faisait beau. Nadou lui souhaitait un bon travail, elle raccrochait à la fois rassurée et triste. Pourquoi fallait-il toujours payer le prix des choses ?

A Taormina, elle avait reçu le David di Donatello, le César italien, pour l'ensemble de sa carrière et sa création dans *Une histoire simple*. Elle pensait toujours très particulièrement à Luca. Lorsqu'elle se trouvait en Italie, jamais il n'avait cessé de lui manquer.

A l'automne, elle avait voulu quitter la rue

1. *France-Soir*, mercredi 23 janvier 1980.

Berlioz, trop malcommode, fatigante avec son escalier intérieur. Elle avait loué un appartement, en cherchait un autre. Une envie soudaine de bouger, de changer s'emparait d'elle. Malgré David, malgré Sarah, le goût d'un renouvellement l'avait soudain reprise, comme une fatalité. Daniel s'éloignait d'elle, elle s'éloignait de lui. De la passion qu'ils avaient partagée demeuraient les discussions interminables, parfois encore le rire avec la complicité des corps. Les jours multipliaient les raisons d'une rupture, les nuits les amoindrissaient. Tout cependant redevenait cendre. David ne comprenait pas, il se durcissait, devenait inquiet devant cette peur d'un nouveau départ : il voulait garder Daniel. Sarah, son joli bébé blond dans les bras de Bernadette, conservait seule ses sourires. Leur bonheur à tous était moribond. Elle ne le savait pas encore vraiment.

En janvier 1980, *la Mort en direct* était sorti : critique enthousiaste, accueil mitigé du public. Une fois de plus son image déconcertait. On la préférait dans du Sautet. Mais pas un instant, elle n'avait regretté son rôle de Katherine Mortenhoe. Il était un des plus beaux parmi ceux qu'elle avait interprétés.

A Francis Girod, elle avait dit oui depuis très longtemps pour *la Banquière*. Le projet avait été retardé maintes fois mais un oui de sa part était définitif. A quatre reprises un nouveau contrat avait dû être signé. Cette fois, le tournage était prévu pour février. Dès la fin du mois de janvier, Francis et elle avaient procédé à une lecture du scénario. Elle était déjà tendue, inquiète. Ne ressentant pas bien certaines répliques, elle les avait fait reprendre. Il était loin le temps de grâce du *Vieux Fusil* ou d'*Une histoire simple* !

En février, elle avait attaqué Miou-Miou, absente de la remise des Césars où elle devait recevoir de ses mains le prix de la meilleure interprétation féminine pour *la Dérobade*. A ses yeux, une comédienne appartenant à son public se devait de le remercier elle-même lorsque celui-ci la récompensait. Peut-être aurait-elle dû se taire, mais pourquoi lui demandait-on toujours de demeurer à sa place ? Si la comédienne devait se plier aux exigences de ses metteurs en scène, la femme avait le droit de s'exprimer.

Tout au long des trois mois de tournage de *la Banquière,* le trac ne l'avait pas quittée, « Bien sûr, tu te réveilles le matin et tu te dis : "Aujourd'hui, tu ne seras pas nerveuse, tu n'emmerderas personne. Tu arrives décidée sur le plateau. Et c'est raté ! Tu trembles de peur. Insupportable pour toi-même et pour les autres"[1]. »

1. *Le Matin,* 25 avril 1980.

« Les autres » avaient dû s'adapter à Schneider, une Schneider encore plus perfectionniste et maniaque qu'auparavant, une Schneider malheureuse qui recommençait à trop fumer, à boire des petits verres de vin blanc pour se donner du courage. Elle ne supportait plus rien ni personne. Plus de repas en commun, plus de rires partagés. Elle s'enfermait entre deux plans dans sa caravane sur la porte de laquelle elle avait écrit un mot : « Entrée permise seulement à mes amis : Dany, Jean-Claude, Francis et quelques autres aussi mais j'suis discrète et j'suis méfiante. Romy. »

Pourquoi ces fuites ? Pourquoi cette insociabilité ? Elle avait froid, elle avait peur. Monique, son habilleuse, la réconfortait, la réchauffait : « Elle est si particulièrement délicate », disait-elle pour la défendre. « Sa » Monique lui apportait du thé chaud, des bouillottes pour redonner un peu de chaleur à ses pieds. Ses nerfs étaient à bout, elle se savait totalement désemparée : « Alors elle est encore photographiable, la vieille conne ? » avait-elle hurlé à la fin d'une séance de photos qu'on lui avait imposée. Si fatiguée... tellement seule... une solitude pesante et voulue, une sorte de refus permanent de la réalité : le début de sa mésentente avec Daniel.

Lorsque Francis Girod avait voulu la présenter à leurs hôtes, les propriétaires du château où avaient été tournées plusieurs scènes du film, elle avait refusé net. Elle ne pouvait affronter aucun nouveau visage, elle ne pouvait prononcer des mots ordinaires et gentils. Georges Conchon, le scénariste, lui avait demandé :

— Qu'est-ce qui te déprime ?

— Moi, avait-elle répondu.

Il avait insisté :

— Qu'est-ce qui te détend ?

— Être dans le silence, loin des médias être moi-même, vraiment moi-même.

Moi-même amie, moi-même ennemie.

Elle n'avait réalisé que plus tard cette étrange contradiction. Ces deux pôles incompatibles et indissociables, perpétuelle oscillation. « Romy, c'est un zigzag », disait Michel Piccoli qui connaissait bien ses chauds et froids. Elle ne savait pas composer dans la vie, seulement devant une caméra. Mais il fallait l'aimer malgré tout, au-delà de tout, elle avait un besoin absolu de tendresse comme une petite fille et pour obtenir cet amour, elle se donnait. « Elle est carrée », disait Georges Conchon. Mais elle ne reprenait ni sa confiance ni sa parole.

Cinquante-cinquième film, autant d'enthousiasme, de violence dans sa recherche du juste ton, du bon geste. Sa peur ne disparaissait que lorsque le metteur en scène filmait. Elle oubliait alors sa hantise d'échouer, les seize millions investis dans le film, la pléiade de comédiens prestigieux : Trintignant, Brialy, Brasseur, Fabbri, Carmet, Marie-France Pisier, Noëlle Chatelet, Daniel Mesguish, Georges Conchon le scénariste lui-même pour être entièrement, totalement Emma Eckert, la banquière. En voulant briser le plâtre entourant sa jambe pour fuir de prison, elle s'était déchiré les mains, arraché des ongles. Pas de mesure. « A fond », disait Bertrand Tavernier. Aucune autre femme, aucune autre comédienne ne vivait ainsi en état d'urgence absolue. Elle mettait de plus en plus de temps à récupérer, à « se » reprendre. Bientôt, il y aurait *Fantôme d'amour* en Italie, puis peut-être un film avec Fassbinder, et juste avant *la Passante du Sans-Souci* qu'elle voulait absolument faire, *les Mots pour le dire* avec Techiné d'après le roman de Marie Cardinal. Les scénarios arrivaient de plus en plus nombreux chez Jean-Louis Livi jusqu'à lui donner le vertige. « Plus haut Lola, plus haut » (*Lola Montès)*. Qui l'arrêterait, qui lui dirait de se reprendre, de se reposer ?

Ce qu'elle tentait de réussir était une harmonie entre l'imagination, les fantasmes et les faits ordinaires de l'existence. Elle n'était plus vraiment sûre de pouvoir y parvenir.

Le film, sorti le 27 août, avait été un succès. Elle était partout sur les affiches, droite, altière, tendant une rose. La critique unanime l'encensait. Elle était la plus grande, la meilleure, l'irremplaçable Romy. Cela la faisait sourire.

Jamais elle ne s'était sentie la star Romy Schneider. Une bonne comédienne tout simplement, comme sa grand-mère Rosa Retty qui venait de mourir à Vienne. Un modèle absolu de son enfance, de sa jeunesse, disparaissait avec elle. Après Harry, après Pascal Jardin, en un peu plus d'un an la mort pour la troisième fois la frappait, lui prenait sa grand-mère. Elle n'était pas allée à l'enterrement, le souvenir la laissait vivante dans son cœur pour toujours. Rosa Retty était une femme exceptionnelle, drôle, passionnée. Elle revoyait ses cheveux gris, ses traits réguliers, cette élégance viennoise qui, dans sa jeunesse, lui semblait une référence absolue. Sa vie avait été une sorte de roman qu'enfant elle aimait entendre et entendre encore, particulièrement l'épisode de sa rencontre et de ses amours avec Karl Albach, son grand-père.

Avec le temps, cela semblait un peu puéril, un peu « viennois » cette idylle entre une jeune comédienne et un bel officier mais c'était une histoire qu'elle aimait toujours, qu'elle avait raconté à David et qu'elle dirait bientôt à Sarah. Rosa était née à Berlin de parents comédiens ambulants. Vie difficile où la passion à chaque instant devait escamoter la fatigue, le découragement, teinter de pourpre les rideaux sales des théâtres, soulever les bravos des spectateurs parfois passifs, parfois extraordinairement chaleureux. Malles sans cesse défaites, refaites, chargées sur les charrettes, déchargées, chaleur d'une famille, intrigues aussi, jalousies et solidarité, un monde clos, contraignant et libre, immobile et sans cesse remis en question.

Rosa, élevée dans ce climat, désirait bien sûr devenir comédienne mais elle avait appris le piano et jouait fort bien Beethoven et Bach. Pourquoi ne serait-elle pas pianiste ? C'était une exigence plus sage, plus glorieuse que celle d'une « gitane ». La vie en avait décidé autrement. Rosa était devenue comédienne, une comédienne exceptionnelle : le Deutsche Theater de Berlin à dix-sept ans, le Thaliatheater de Hambourg à dix-neuf. Le mouvement du destin la projetait comme autant d'éclats dans l'avenir.

Recherchée par toute la bonne société charmée par son talent, elle était invitée aux thés, aux bals, et c'était lors d'une de ces fêtes qu'elle avait rencontré Karl Albach, capitaine dans l'armée impériale. Ils avaient dansé, ils avaient bavardé, ils avaient ri, une histoire d'amour banale entre deux jeunes gens. Les rencontres s'étaient succédé jusqu'au jour où Karl s'était présenté devant son état-major. Il voulait épouser Rosa Retty. Regards froids, gestes figés. Ses supérieurs le toisaient avec la pitié bienveillante que peuvent montrer les adultes devant la folie d'un enfant : les officiers de l'empereur n'épousaient pas des comédiennes. Rosa et sa famille étaient violemment refusés au nom des « valeurs éternelles », la foi, l'ordre social. Un officier ne pouvait injecter de poison dans son propre corps.

Karl avait claqué des talons. Dans le visage de ses supérieurs il avait vu passer la mort, elle le séparait pour toujours de leur communauté. Démission de l'armée, mariage avec Rosa, études de droit. La jeune femme entrait alors comme pensionnaire au Burgtheater à Vienne, l'équivalent de la Comédie-Française. Un fils leur était né, Wolf, son père, un futur comédien lui aussi, d'abord au Burgtheater comme sa mère, puis dans le cinéma, merveille nouvelle où il voulait sa place.

Rosa avait vieilli, toujours sur les planches. Elle avait dirigé le fameux Burgtheater puis, tardivement, avait accepté de se retirer. Son mari, son fils unique étaient morts mais jusqu'à cent quatre ans, elle s'était sentie protégée dans le monde de la poésie, du théâtre où elle continuait à vivre.

C'était chez sa grand-mère Rosa qu'elle, Rose-Marie, était née mais après le divorce de Wolf et de Magda, les enfants étaient restés éloignés de Vienne un long moment. Magda les avait gardés avec elle à Schönau et c'était sa propre mère, Mme Schneider, veuve d'un commerçant en sanitaires, qui s'occupait de Wolfi et d'elle lorsque leur mère était en tournage.

Souvenirs déjà si anciens... Son enfance, comme à chaque difficulté de sa vie de femme, était un refuge. Quelle force obscure, quel goût du défi l'avaient-ils poussée à menacer Daniel du divorce ? Il était parti à Los Angeles pour se reposer d'elle. L'un et l'autre avaient décidé cette séparation temporaire par imprudence ou force dérisoire. Ils n'auraient pas dû se prendre ainsi à la légère.

Daniel lui manquait, elle était fatiguée. Alors que celui qui regarde est rarement celui qui dit, elle devait à la fois dire et regarder. Louvoyer dans la tempête n'était pas dans ses cordes, elle faisait face, parfois victorieusement mais parfois aussi elle était balayée. Il fallait que Daniel revienne et il ne revenait pas. Le réel remplaçait un rêve épuisé, repris par le néant : « J'ai demandé le divorce. » Irréversibles mais conformes à sa propre logique, les mots avaient été prononcés au téléphone. Sa dualité instinctive la contraignait à ne plus être seulement elle-même afin de conserver son intégrité. Son histoire d'amour avec Daniel s'éloignait mais peut-être la voie oblique qu'elle l'obligeait à suivre allait-elle la faire renaître ? Il restait Sarah, leur petite fille, il restait son désir de lui. Les mots prononcés ne seraient pas mortels.

Ils l'avaient été. Daniel n'était pas revenu. Il n'avait pas cédé.

A son retour de Ramatuelle, elle avait emménagé avenue Bugeaud. Cet appartement ne serait pas celui du bonheur. Ses confidences aux journalistes devenaient amères : « J'ai presque le devoir d'être heureuse ou contente. » Partout on la disait malheureuse, elle craignait que David qui lisait toujours ce qu'on imprimait sur sa mère en soit atteint. Tout l'inquiétait, tout la blessait.

Le 28 septembre, l'Opéra de Paris avait organisé une brillante soirée à la mémoire de Luchino Visconti. Des passages inédits de *Ludwig* y avaient été projetés. Le visage de l'impératrice solitaire et blessée était le sien. Elle se voyait double et doublement orpheline de Luca. Sa voix, son autorité, son affection, son courage lui faisaient cruellement défaut en ces moments de doute et de tension. Ne pouvant prendre le moindre recul, elle se sentait prise au piège. Seule.

C'était dans cet état d'esprit qu'elle s'en était allée en Italie tourner *Fantôme d'amour* de Dino Risi, laissant derrière elle l'appartement de l'avenue Bugeaud, son ambiance agitée, tendue, ses conflits la rendant nerveuse, agressive, faisant des conversations des monologues.

Une fuite plus qu'un départ.

XVIII

« Fantôme d'amour », « Garde à vue »

Automne 1980.

Sur les rives du Tessin, les brumes de novembre, indispensables à l'atmosphère du film, ne se levaient pas. Les personnages qu'elle devait incarner, une jeune femme éblouissante et une vieille déchue, l'effrayaient.

Daniel n'appelait pas. Peu à peu s'insinuait en elle un malaise psychique et physique paralysant. Elle ne se sentait pas bien où elle se trouvait et ne pouvait être ailleurs. C'était une impression, une certitude totalement oppressante, elle s'était affolée, avait refusé de se rendre sur le tournage. Ce n'était pas un caprice : elle ne « pouvait » pas y aller.

La production avait appelé Daniel, lui demandant avec insistance de venir en Italie. Chaque jour de retard occasionnait une charge financière supplémentaire insupportable. Il était arrivé, l'étau se desserrait, une fois de plus elle avait gagné.

Pour tenir le rôle de la vieille femme elle devait se prêter à d'interminables séances de maquillage que Michel Deruelle, son ami, essayait de rendre les moins rébarbatives possible. Michel la faisait rire, il savait l'écouter, la consoler, l'encourager. La nuit, lorsque le sommeil ne venait pas, elle aimait lui écrire de courts billets qu'elle glissait sous sa porte. Elle buvait aussi pour oublier Daniel qui était reparti, pour oublier qu'elle savait mal son rôle dans le théâtre de la vie. Michel la grondait lorsqu'il la retrouvait au matin les traits tirés, les yeux gonflés. Elle se laissait masser, farder, faire belle à nouveau, femme poupée, Ève dans l'espérance de l'amour.

Une nuit avait surgi à nouveau, épouvantable, sans visage, sans voix, une menace terrifiante, rôdant autour d'elle, ne lui laissant aucun repos. Elle s'était blottie dans un coin de sa chambre puis, pour ne plus penser qu'elle ne pouvait fuir, elle avait pris quelques comprimés avec de l'alcool. Michel l'avait retrouvée au matin, étendue sur le sol, sans conscience.

Il lui avait aussitôt fait boire une gorgée de la bouteille de cognac se trouvant à côté d'elle, l'avait portée sur son lit, frictionnée, réchauffée. Un médecin était venu, elle revivait.

C'est alors qu'elle avait rencontré Laurent Pétin, comme un cadeau du destin pour l'aider à poursuivre et à achever le tournage. Le souvenir de Daniel ne l'obsédait plus. Au sentiment d'échec succédait l'espoir d'un nouveau bonheur, monopolisant ses forces et son enthousiasme. Laurent serait celui qui saurait l'aimer. La famille tant voulue, tellement chérie et préservée se disloquait. Sa volonté justifiait tout, elle soufflait et le monde s'écroulait. L'amour était prolongement et prétexte, itinéraire nouveau se dégageant du campement abandonné. Elle ne parvenait pas à devenir sédentaire, elle n'y parviendrait sans doute jamais.

Ses forces revenaient mais, curieusement, l'enthousiasme était toujours absent. On la voulait rayonnante, elle se devait donc de sourire malgré le regard des autres sur elle et les commentaires de la presse. Était-ce cela la réussite ? Si peu de contacts vrais, souvent la naïveté ou la vanité.

Pour nier la réalité, elle avait tout tenté, jusqu'à se persuader que David ne serait malheureux qu'un court moment, qu'il lui reviendrait, qu'ils seraient heureux comme avant avec Sarah, sans Daniel. La culpabilité ressentie lorsqu'elle avait entamé le processus du divorce s'atténuait. La rupture était inévitable. L'âge lui avait donné de la force et une idée d'elle-même lui interdisant les renoncements, les concessions. Dans sa jeunesse, elle avait dû souvent courber l'échine mais toujours elle s'était promis de décider seule un jour, de ne plus subir ni les événements ni les êtres. Un homme ne lui prouvant plus son amour ne l'aimait plus. Aimer, c'était donner, imaginer, créer, vibrer, l'amour était comme un alcool ou une drogue, un bouleversement, une ivresse, une chaleur irradiante, jamais une habitude. Tant pis pour ceux qui ne le comprenaient pas. Donner, prendre, c'était cela l'amour. C'était cela la vie.

Peut-être parce qu'amoureuse d'Alain elle avait tout offert, tout espéré, tout supporté, elle avait compris que certains hommes, particulièrement ceux qui l'attiraient, avaient besoin, plus que de susciter la passion d'une femme, de jouer avec elle, adversaire, complice, soumise ou forte, une partie d'échec. Chaque repli, s'il ne correspondait pas à une stratégie, était une défaite.

Ses amours étaient partis un par un. Certains demeuraient ses amis, d'autres avaient regagné l'ombre de l'indifférence et de l'oubli. Il avait fallu effacer peu à peu les mots, les phrases, rendre vierge le papier pour y écrire encore. Écrire quoi ? Elle ne pouvait plus désormais que se laisser aimer. Seul existait l'instant, une rigidité du temps cassée par Laurent qui la portait vers l'avenir, mais allait-elle vers lui ou venait-il à elle ? Qui rejoindrait l'autre dans cet exigeant désir d'une totalité, fût-elle imaginaire ? Elle espérait trop de la vie, trop des êtres, trop de ses rôles, peut-être pas assez d'elle-même, n'ayant pas eu le temps de s'arrêter pour s'écouter. Sa fuite en avant l'avait éloignée d'elle de plus en plus loin, de plus en plus vite. L'affectif, l'extérieur, l'avaient happée au détriment d'une solide structure intellectuelle. Toujours, elle s'était sentie limitée.

A son retour à Paris, elle avait enchaîné presque immédiatement avec *Garde à vue* de Claude Miller, un réalisateur qu'elle admirait mais avec lequel elle n'avait pas encore tourné. Malgré sa volonté de fer, malgré l'intérêt du rôle de Chantal Martinaud, malgré la présence de comédiens tels que Michel Serrault, Lino Ventura et Guy Marchand, elle avait éprouvé plusieurs malaises au début du tournage. Quelque chose de plus grave, de plus tenace que les préoccupations ou la fatigue l'habitait. Elle était malade et ne le savait pas encore.

David et Sarah habitaient chez les Biasini à Saint-Germain-en-Laye. Ils y étaient tranquilles, à l'écart de tous les remous qu'elle subissait. Sa séparation officielle d'avec Daniel venait d'être annoncée à la presse. Laurent ne la quittait pas. Ce qui la préoccupait le plus était l'opposition de son fils à sa nouvelle vie. Il avait connu l'incertitude d'un foyer défait, la séparation du père, il ne voulait pas retrouver des moments identiques, souvenirs lointains, mais toujours vivants en sa mémoire. Lui et elle se heurtaient parfois violemment. Il avait quatorze ans mais savait montrer une maturité et une détermination d'adulte. Avant son divorce, la considération du bonheur de David ne l'avait pas emporté sur le sien mais elle ne manipulait pas les mots, elle agissait, c'était sa manière de vivre. L'acte devenait union avec ses désirs, figeait le raisonnement. David l'avait très bien ressenti. L'agressivité qu'il lui montrait venait de son désarroi.

Elle était partie pour Quiberon avant de commencer *la Passante du Sans-Souci* avec Jacques Rouffio. Cette rupture avec Paris lui était absolument nécessaire. Là-bas, on la laissait tranquille, on la connaissait bien, on faisait tout afin de lui faciliter la vie. Après avoir tellement décidé, tranché, elle désirait plus que tout être prise en charge. Rien ne s'était passé comme elle l'avait souhaité. En se promenant, elle avait fait une chute et s'était cassé la cheville. Un mois d'immobilité juste au moment de la sortie de *Fantôme d'amour* à Paris et du début du tournage de *la Passante du Sans-Souci*. En mai, elle serait rétablie, elle l'avait promis. Jacques Rouffio était parti à Berlin établir les plans, l'équipe était prête. Plus que quelques jours et elle marcherait suffisamment bien pour travailler. A la veille des premières prises de vues, des migraines atroces et de violentes douleurs lombaires l'avaient foudroyée. Que se passait-il encore ? Elle ne comprenait pas pourquoi tout, soudain, se retournait contre elle. Ce qui lui arrivait était si injuste, trop dur physiquement à supporter dans l'état moral où elle se trouvait. On l'avait transportée d'urgence à l'hôpital américain de Neuilly. Le 23 mai, après quatre heures d'opération, elle s'était réveillée privée d'un rein, avec une cicatrice de vingt-cinq centimètres et une douleur aiguë la terrassant. Ses seuls soutiens : Laurent et la perspective de *la Passante* dont Rouffio avait reporté au mois d'août le début du tournage. On l'attendait, elle n'avait à se soucier de rien, juste à prendre soin d'elle-même et à se rétablir.

A l'hôpital, après l'intervention, des brassées de fleurs, des télégrammes, mais l'impression d'être abandonnée, à la dérive. Elle pensait à David, à Sarah, à ce qu'elle avait plus que tout voulu pour eux : leur donner une enfance heureuse. C'était avec passion qu'elle les aimait, même si elle était trop souvent absente, même si son bonheur à elle ne pouvait se sacrifier.

David était venu la voir convalescente. Elle l'avait trouvé changé en quelques jours, plus grand, plus mûr, plus patient. Ils ne s'étaient pas adressé de mots méchants, ils ne s'étaient pas dressés l'un contre l'autre.

Ensemble, dès qu'elle avait pu reprendre quelque activité, ils s'étaient rendus aux studios pour la postsynchronisation de *Garde à vue* qui devait sortir en septembre. Lorsqu'elle laissait apparaître une pointe d'accent allemand, il la corrigeait gentiment. Elle lui ébouriffait les cheveux, il serrait sa main dans la sienne. Pour la première fois avec un homme, « son homme », le bonheur ne pouvait être menacé.

Ils avaient posé pour des photos en riant comme deux amoureux surpris et ravis. Elle avait même accepté, elle qui les détestait, une petite interview : « J'ai avec mon fils David, quatorze ans, des rapports d'amour et d'estime très profonds. C'est pour moi un compagnon merveilleux. Il est passionné pour mon métier et n'hésite pas à me donner des conseils ou à corriger mon accent si je me prends, dans l'émotion d'une scène, à trébucher sur une voyelle. Il est possible qu'à son tour, il veuille être comédien ou metteur en scène[1]. »

Le printemps rendait Paris brillant, joli comme un cadeau. Tout allait mieux, tout irait de mieux en mieux. David finirait par accepter Laurent. Il reviendrait vivre avec eux, elle louerait un grand appartement où le bonheur aurait sa place. Dans l'immédiat, elle devait partir à la campagne chez les parents de Laurent afin de se reposer, d'être dans la condition physique la meilleure possible avant de commencer sa chère *Passante.*

David resterait à Saint-Germain chez les Biasini avec sa petite sœur Sarah. A partir de là, les images se figeaient dans sa mémoire comme sur un film immobilisé. Elle allait s'éloigner de son fils, il l'avait embrassée, ses lèvres avaient

1. *L'Humanité,* 7 Juillet 1981.

quitté son visage, son corps s'était écarté du sien. Dernier contact, tout s'arrêtait et elle ne savait pas.

C'était cette dernière vision de David qu'elle avait gardée, en elle, l'autre, l'enfant mort dans une salle d'opération, elle devait l'oublier.

Lorsque le téléphone avait sonné, elle se trouvait avec la famille de Laurent : David était hospitalisé, on l'opérait d'urgence. Quelle opération ? Pourquoi urgence ? Le monde basculait, la claquemurant dans une angoisse insupportable. L'inconnu, le non-dit, l'épouvantaient.

Il avait fallu conduire vite jusqu'à Saint-Germain-en-Laye, pénétrer seule dans l'hôpital. Le silence était effrayant. Quelle force au monde pouvait donc ôter cet amour qu'elle avait pour David ? Son visage était celui de l'instant, vide, dur, figé, en attente. Un mot, un seul, pouvait transformer ce visage : « sauvé », et le mot n'avait pas été dit. Le rendez-vous était manqué.

La porte de la salle d'opération s'était ouverte, le chirurgien avait avancé vers eux. Compassion ou pitié, qu'y avait-il dans ses yeux ? Chaque seconde la pétrifiait, la déchirait. Dire quoi et à qui ? Toute phrase semblerait odieuse, effarante. Daniel se taisait, les Biasini se taisaient. Son cri s'était élevé seul, échappé d'une déchirure intérieure définitive. L'image coupait la parole, l'anéantissait : David était mort.

Les mots ensuite disaient une histoire, l'histoire de la mort d'un enfant, rampant dans son cerveau sans lui rendre la parole. Elle l'écoutait cette histoire mais ne la comprenait pas. Son incohérence, à ce moment, aurait pu la tuer.

Elle avait vu David, son corps avait la dimension de son regard, infinie. La salle d'opération, l'espace devenaient étriqués, le désespoir, l'amour seuls avaient une démesure.

David était rentré chez « ses grands-parents ». Une fois de plus, il avait voulu franchir la grille fermant le jardin. C'était facile, il aimait ne pas pousser la porte ou sonner. L'escalade était un défi lancé à lui-même, un minuscule défi. Avant de se laisser tomber de l'autre côté, il avait glissé et la pointe de la grille était rentrée dans l'artère fémorale...

Daniel parlait, elle écoutait l'histoire de la mort de son enfant qu'il semblait lui offrir avec détresse. David était entré dans la maison très pâle, se tenant le ventre à deux mains, dessous un peu de sang, pas beaucoup, rien qui puisse susciter une réelle inquiétude.

On l'avait allongé par terre, puis Mme Biasini avait téléphoné aux pompiers qui étaient arrivés très vite. David saignait, il avait regardé son beau-père : « Je ne vais pas mourir, hein ? » Le petit garçon était pâle, calme. On l'avait fait taire afin qu'il se repose et ne dise pas n'importe quoi.

C'était l'été, le 5 juillet 1981, le dernier été de David, à peine commencé, comme sa vie. La lumière devait éclater sur les frontières de son visage lorsqu'on l'avait amené à l'hôpital.

Il était mort à quatorze ans, temps de pose entre l'enfance et l'âge d'homme.

Ensuite, les rapaces s'étaient abattus : photographes, journalistes pour s'emparer du corps de l'enfant. Si la haine était protectrice, elle aurait pu alors sauver sa mère. Après l'enterrement à Saint-Germain où elle avait été obligée de s'allonger au fond d'une voiture pour échapper aux photographes, elle avait commencé son errance. Elle ne savait plus quoi faire de sa vie mais se trouvait trop lasse, même pour mourir. Se taire, écrire des mots fragiles, attendre que lumière et obscurité se confondent, occupaient les jours. Seules les nuits restaient dans sa mémoire, nuits de veilles et de voyages intérieurs. Le monde qu'elle habitait alors ne voulait plus rien de Romy, tout de David.

Le tremblement des feuilles dans le jardin de Jean-Claude Brialy qui l'avait accueillie dénonçait, non pas le vent d'été mais la présence d'un photographe. Elle refaisait ses valises avec Laurent à côté d'elle, son compagnon d'errance.

Parfois elle riait, s'évadait de sa prison intérieure, faisait des projets : un film après *la*

Passante avec Pierre Granier-Deferre et Alain, une pièce de théâtre : *Sainte Jeanne des Abattoirs* de Bertolt Brecht. Elle était trop jeune encore pour *Mère Courage,* mais ce rôle lui aurait plu. Pouvoir sourire encore, écouter, donner, pouvoir prendre en elle ce qui lui restait était-il possible ? Et que lui restait-il ? Il lui restait Puppi et l'espoir, non pas d'oublier mais de prendre cette horreur qu'était la mort de son enfant comme un matériau pour reconstruire un semblant de vie.

XIX

« La Passante du Sans-Souci »

Octobre 1981.

La Passante était une histoire d'amour : elle avait lu le livre, elle avait été bouleversée, elle voulait qu'il devienne un film. Jacques Rouffio l'avait contactée.

— As-tu lu *la Passante du Sans-Souci ?*

— Non.

— C'est un roman de Kessel, je voudrais en faire un film avec toi ! Je voudrais le faire avec toi, parce que toi, tu sais faire un mélo sans violons.

La préparation avait été longue, l'adaptation du livre difficile mais Jean-Louis Livi et elle, solidaires, y croyaient absolument. Jean-Louis, Raymond Danon et elle avaient choisi les comédiens : Michel Piccoli bien sûr, Helmut Griem, Gérard Klein et l'enfant Wendelin Werner, un petit garçon de treize ans, juif, parlant parfaitement l'allemand et le français.

Reporté après sa fracture de la cheville,

reporté après son opération du rein, reporté après la mort de son David, le tournage allait enfin commencer. Elle devait d'autant plus croire en elle que les autres n'y croyaient plus. Personne ne voulant prendre le risque de l'assurer, la production avait renâclé, proposant même de la remplacer par Hanna Schygulla, mais Rouffio avait fait front : si Romy n'était pas du film, il n'en serait pas non plus.

Elle était partie pour Berlin, la ville où elle avait vécu avec Harry, la ville où David était né...

La Passante était bien plus qu'un film, un pari. Elle l'avait gagné avec l'ultime espace vierge demeuré en elle. Maintenant elle était détachée de tout. Les petites besaces protectrices amoncelées contre elle avaient été une par une dispersées, la laissant démunie de tout, presque paisible. Son cœur pouvait battre encore, elle se trouvait sur l'autre versant de sa vie, tentant d'apprivoiser l'injustifiable. L'émotion avait été le moteur de toute son existence, son mode préféré de communication, elle avait désormais pris possession d'elle, la submergeant sans qu'elle puisse tenter de la contenir, agitant ses mains de tremblements, brouillant son regard de larmes.

Tout au long du tournage de *la Passante,* elle avait en quelque sorte dérivé. On se taisait autour d'elle, on mesurait gestes et regards. Elle le sentait, épiant parfois son reflet dans les yeux des autres et parfois s'en désintéressant. Michel Piccoli et Jacques Rouffio étaient là, protecteurs, attentifs, elle n'aurait pu faire ce film sans eux deux.

Wendelin Werner ressemblait trop à David, elle ne l'aimait pas, elle avait été dure, agressive envers lui, mais il avait le regard d'un enfant qui comprend et accepte. Elle sentait parfaitement bien qu'elle avait tort, que le petit garçon n'avait pas à souffrir de sa peine, mais ses paroles, ses yeux, son corps lui échappaient, étaient devenus des armes tranchantes pour meurtrir.

Le soir, dans sa chambre d'hôtel où elle avait épinglé partout des photos de son fils, elle lui écrivait, conversait avec lui, essayant de nier, de figer la réalité, parlant parfois de lui à ses amies comme s'il était encore vivant, proche d'elle, un peu plus proche chaque jour. Elle le voyait vraiment avec ses propres yeux, elle l'entendait.

Ce qu'il fallait comprendre, admettre désormais, c'était son refus absolu de la mort de son petit garçon, sa demande éperdue d'une acceptation totale de ce jeu destiné à la détourner de la destruction d'elle-même : « David va bien, avait-elle dit un jour à une amie, il est à côté de moi. » « Bien », « à côté », les mots étaient faciles à prononcer. Pourquoi chacun d'entre eux la torturaient-ils ? Elle tiendrait bon, elle avait toujours fini par gagner...

C'étaient les forces qui lui manquaient maintenant. Elle se sentait épuisée, desséchée à l'intérieur d'elle-même. Comment vaincre cette fatigue lancinante ? L'arracher d'elle pour vivre un peu plus, un peu mieux ?

Elle veillait, elle écrivait. Maria Schell la réconfortait : « Merci, comme toujours tu m'as redonné du courage et de l'énergie », avait-elle jeté sur un billet. Puis elle avait été, dans le grand hôtel silencieux, le glisser sous sa porte.

Elle répétait son rôle aussi, disant et redisant les répliques, afin qu'elles fassent totalement partie d'elle-même. Un jour, elle avait agressé Jacques Rouffio qui voulait modifier légèrement son texte : « Non et non, j'ai bossé. Tout est là-dedans. Maintenant, c'est trop tard ! »

Pour dormir un peu, elle prenait des pilules, pour se maintenir en forme dans la journée également : somnifères, excitants... un cycle fermé dont elle ne pouvait plus sortir.

Sur le plateau, elle était enfin une autre, tantôt Elsa Wiener tantôt Lina Baumstein. Cette histoire sur l'intolérance, la persécution des juifs, l'exil la bouleversait. Des morts, des humiliés, elle avait pris les yeux afin de se regarder sans complaisance. La folie avait posé un hiver sur le visage de son pays. Longtemps, elle avait eu froid en le contemplant et puis l'incohérence du soleil était revenue et les nouvelles règles de la tendresse. *La Passante* résumait tout cela et elle l'avait voulu parce qu'Elsa et Lina ressemblaient à ses sœurs, à elle, des femmes n'ayant pas fermé la porte de leur cœur, des femmes sachant avoir peur, obstinées et dépendantes pour mieux rejeter la surenchère du malheur. Certaines choses devaient être faites, devaient être dites, *La Passante* était de celles-là.

Lorsque le tournage s'était achevé, elle avait demandé que le film soit dédié à Harry et à David : puisqu'elle appartenait à tout le monde, elle voulait que tout le monde sache qu'elle les avait aimés et les avait perdus.

Laurent l'attendait. Elle l'admirait parce qu'il ne baissait pas les bras. Il connaissait bien son côté « tout ou rien ». Arrivé à un moment de sa vie où la tentation du « rien » l'emportait, il cherchait à lui redonner tout avec une douceur, une patience infinies. Avait-elle eu cette considération tendre pour d'autres, ses amis, ses amours ? Généreuse, elle l'était, offrant des cadeaux, un manteau de fourrure à Mia, du champagne à ceux qui l'attendaient chez elle lorsqu'elle était en retard « champagne pour tout le monde ! » Elle aimait avoir ces prévenances mais l'amitié, était-ce seulement des pensées, des cadeaux ? A son coiffeur Alexandre, elle venait d'offrir son bracelet en or de chez Van Cleef : « Porte-le toujours en souvenir de moi », lui avait-elle demandé. Pourquoi en souvenir ? Elle se sentait déjà si loin, au-delà de tout, de tous...

En janvier, Laurent, Sarah et elle étaient

partis aux Seychelles. Un beau voyage. Elle avait nagé, joué avec sa petite fille, essayé de dormir. La main de Laurent ne quittait pas la sienne. Il n'avait pas besoin de lui parler sans cesse, il était là. Peut-être ne savait-elle pas bien lui dire à quel point elle avait besoin de sa présence, combien elle dépendait de lui.

A leur retour en France, ils s'étaient occupés de leur maison de Boissy-sans-Avoir près de Montfort-l'Amaury. La perspective de quitter Paris, d'habiter à la campagne la distrayait, la réconfortait un peu. De la fin du monde semblait pouvoir venir une harmonie nouvelle. Elle habiterait Boissy avec Laurent et Sarah, des chiens, des chats, elle repartirait à zéro lentement, sur la pointe des pieds, mais elle repartirait.

Avant de s'installer à la campagne, elle avait accepté d'habiter rue Barbet-de-Jouy chez son ami tunisien, le producteur Tarak Ben Amar. Quelques semaines encore à Paris avant la fin des travaux et leur emménagement définitif. Là-bas, il y aurait du chèvrefeuille, des roses et des raisins, il y aurait à nouveau des printemps. Les nuits de tempête, lorsque le souvenir de David reviendrait trop fort battre sa mémoire, elle aurait un port pour s'attacher. « Les enfants sont à la fois la mort et la vie. » La vie, c'était Sarah désormais, elle-même n'avait plus de réelle importance.

La femme existait de moins en moins ou plus

exactement redevenait quelqu'un de simple, aimant la nature, le grand air, une bourgeoise allemande bien élevée, raisonnable, avec comme ambitions de faire au mieux son travail, d'élever sa petite fille, d'aimer son homme. A quarante-trois ans, elle avait retrouvé les désirs de ses seize ans.

A sa beauté, elle ne pensait pas souvent. La vieillesse, la détérioration de son visage ne lui faisaient pas peur. Si elle aimait, si on l'aimait, si elle pouvait se donner entièrement, elle jouerait encore, elle vivrait pour travailler et rien alors ne pourrait vraiment la malmener. Elle deviendrait une très vieille dame, belle encore ou laide, cela n'avait guère d'importance puisqu'elle prendrait racine au milieu de ceux qu'elle aimait pour refleurir encore. Son visage déjà avait changé, il se modifierait encore. L'adorable pureté aboutirait au désert, à la sécheresse absolue, à la mort. La rondeur de son corps de femme serait élaguée, la terre à blé se ferait terre morte, tournée et retournée, stérile. Alors, elle recommencerait à être enfance, pudeur et illusion. La nouvelle fleur serait Sarah.

Qu'allait-il advenir d'elle ? Tournerait-elle ce film *l'Un contre l'Autre* avec Alain ? Y serait-elle encore belle malgré l'érosion des larmes ? En face d'Alain, sa beauté était sans importance, il possédait d'elle, au fond de lui, une image inaltérable, celle de la Romy du quai Malaquais. Mais le public, les spectateurs ? Peu importait son visage ! Elle leur donnerait ce qu'ils attendaient d'elle, une certaine qualité d'émotion, le pouvoir de rêver une femme. Son visage plaisait parce que rien en lui ne choquait, ne déconcertait. A l'inverse des grandes stars américaines, elle représentait un type de femme qu'un homme pouvait posséder, qu'une autre femme pouvait aimer, près de laquelle les enfants se sentaient en sécurité. Ava Gardner, Rita Hayworth, Marilyn Monroe... des mythes, des représentations parfaites, fictives, idéalisées, illusoires, des femmes sirènes entraînant leurs victimes pour mieux les détruire, des êtres portant la mort. Elle incarnait la vie. Le public oublierait peut-être Philomène Schmidt et Nadine Chevalier, il ne se souviendrait probablement que d'Hélène, de Clara, de Rosalie, de Marie, réclamerait avec le temps une Romy sereine et courageuse, une femme de caractère à l'image de son amie Simone Signoret. Devenir comme elle une dame un peu forte en gueule, plutôt portée sur le vin blanc, généreuse et active ne lui déplaisait pas ! Sissi vieillissant comme Casque d'Or, quelle singularité !

Il lui restait cet espoir, ce dérisoire et fabuleux espoir de devenir une vieille dame paisible, honorée, entourée, bienveillante et forte tout à la fois, ayant renoncé à trouver cette lumière de l'amour-passion qui, présente, l'avait aveuglée et, absente, l'avait laissée dans les ténèbres. La colère n'étant qu'un espoir déçu, elle ne s'enflammerait plus, serait sans inquiétudes. Seule son imagination la rendrait heureuse, son imagination ou ses souvenirs. Le présent était un combat si difficile à mener qu'il ne laissait aucune place à la réflexion.

La mort de David, leur séparation définitive, n'avaient pas le moindre sens et elle refusait de tenter de leur en trouver un. Le temps s'en chargerait peut-être pour elle. Un jour, quelqu'un lui avait dit : « Il n'y a que les fous pour trébucher sur ce qu'il y a derrière eux. » Ce proverbe yiddish l'irritait, elle le refusait. Ne pas être comme les autres, ne retrouver ni innocence ni bonheur, représentait une victoire, même si cette victoire signifiait sa propre défaite. Elle vieillirait en France, à Boissy-sans-Avoir, elle serait une sorte de George Sand, bonne dame de Nohant dans la deuxième moitié de sa vie.

Dans les jours présents, la vie devait continuer. « Life must go on », comme elle le disait à Michel Drucker son ami, ajoutant : « Bien sûr, il y a des moments où l'on a envie de baisser les rideaux et de ne plus avoir affaire avec ce métier. Mais j'ai des responsabilités. Je ne suis pas seule. Donc la vie “must go on”. Je poursuivrai de mon mieux mon travail. Il faut avancer car on ne peut s'arrêter. On peut fléchir un moment mais il faut continuer. S'arrêter pour moi ce n'est pas possible[1]. »

1. Interview Michel Drucker, *Match*, 11 juin 1982.

Elle ferait d'autres films, peut-être serait-elle Ulrike Meinhof, l'égérie de la bande à Baader qui la fascinait : tant de violence, d'utopie, de courage, de folie, d'efficacité ! En tant qu'Allemande elle ne pouvait être indifférente. Peut-être remonterait-elle sur une scène. Elle avait besoin d'y croire même si elle en doutait parfois. Après avoir longtemps rêvé de jouer une vraie comédie, elle y avait renoncé : « Je n'en serai pas capable, venait-elle de confier à un journaliste, je me fais du cinéma. Je resterai tragédienne jusqu'au bout ou quelque chose de ce genre. A chacun son boulot[2] ! » Maintenant moins que jamais elle pourrait provoquer le rire.

Réfléchir, lire, se recueillir. Elle hésitait à sortir, à se montrer, à affronter les photographes, les curieux, les voyeurs. On la pourchassait, on la traquait. Alors qu'ils se rendaient à la première d'un film d'Alain, Laurent avait dû rouler à toute vitesse pour distancer les paparazzi. La rencontre avec la foule anonyme lui faisait peur, celle avec les êtres qu'elle aimait la bouleversait. Lors d'une soirée chez Régine, elle avait croisé Georges Beaume en compagnie de son filleul Anthony Delon. La vue du jeune homme l'avait violemment troublée, non parce qu'il était le fils d'Alain, mais parce que de le voir si beau, si joyeux lui rendait plus

2. *Le Point*, 7 juin 1982.

insupportable encore l'absence de David.

La douleur de l'esprit pouvait-elle tuer ? Avait-elle le pouvoir de s'en évader, d'aller verticale et haute comme un arbre de silence vers une nuit sans fin, de briser définitivement ce miroir où elle ne voulait plus regarder son image ? Peut-être dans la mort surgirait-elle à nouveau comme une déchirure ? Il suffisait sans doute de le vouloir absolument et elle n'avait pas même la force de cette volonté. Face à la longue veille, elle ne pouvait que se tourner vers elle-même, si terriblement obscure.

Aujourd'hui, ce soir-là, David et elle se retrouveraient. Elle avait eu raison de l'attendre, ayant engagé trop de forces, de doutes, d'incertitudes pour ne pas gagner. Le temps était passé, la détresse, le désarroi, la révolte aboutissaient à la rencontre, à la fusion. Maintenant elle comprenait son fils, l'amour choisissait l'amour sans avoir à changer de visage.

Laurent dormait dans la chambre voisine, elle pourrait l'appeler, il viendrait aussitôt.

Elle n'avait pas la force de le faire.

XX

Le silence est pesant rue Barbet-de-Jouy, presque trop lourd. Il submerge comme une vague, il étouffe. Laurent dort toujours, Sarah aussi, l'appartement semble respirer comme s'il était animé d'une vie indépendante. Romy écrit ou n'écrit plus, quelle importance ! Elle écoute. Peut-être pense-t-elle à ces moments de vie, à tous ces instants hâchés de vide et d'oubli qui font un destin, une existence humaine, dénués de sens profond s'ils ne sont pas achevés par la mort. Peut-être ne pense-t-elle pas à cela, juste à David, mais David n'en est-il pas le centre ?

La nuit avance vers sa fin comme un film, image après image, silence après silence. Il est tard ou très tôt. Seule dans le salon, Romy semble attendre, elle est belle, belle d'une beauté comme disait Claude Sautet, qu'elle s'est elle-même forgée. Ses traits, ses gestes, son regard sont ceux d'une femme qui a ri et qui a pleuré, qui a traversé le guet de la vie pierre après pierre en se mouillant parfois. La rive opposée semble proche maintenant, accessible, tout avait donc un sens...

Romy entend le silence, écoute la vie qui s'écoule, la vie des autres derrière les murs et sa propre vie. Elle est fatiguée, elle a envie de s'allonger et de dormir mais ne le peut plus. Il doit faire tiède dehors dans la petite rue Barbet-de-Jouy, fin mai, l'air de Paris est si doux ! La lettre peut attendre. Elle a tant travaillé dans sa vie, elle s'est tellement vouée à son métier qu'elle a le droit de se reposer un peu. Vivre. Pourquoi a-t-elle vécu ? Plus que pour son travail, elle a vécu finalement pour aimer. Vraiment aimer. C'est cela qui a compté pour elle, s'investir, se donner sans retenue, sans restrictions. Maintenant, elle désire la paix, mais la paix a quelque chose de la mort, elle y aspire et la redoute à la fois. Plus de passions. Elle a aimé Alain trop totalement, trop définitivement, et porte encore quelque part en elle le deuil de cet amour. Sa jeunesse. Existe-t-il un moyen terme entre l'indépendance et l'amour ?

Petit à petit, elle s'est retrouvée démunie d'elle-même, mais tout est trop tard désormais.

« Ne vous y trompez pas. Tout ce qui est dans l'esprit participe du ratodrome et ne meurt jamais. Ils sont seulement baladés sans relâche, les pauvres souvenirs disparates, dans ce désert d'un milliard de neurones, puis déposés, repris et de nouveau abandonnés par les rats de l'esprit. Rien ne périt, tout s'égare simplement, jusqu'à ce que l'électrode d'un chirurgien déclenche la musique d'un vieux piano mécanique dont les rouleaux ne sont que poussière. A moins que ce ne soit vous-même qui vous en chargiez, dans l'agitation des nuits sans sommeil. Voire en plein jour dans une rue inconnue où joue un orgue de Barbarie. Rien ne se perd mais rien ne pourra plus jamais être comme avant. Vous ne trouverez que des bouts de choses et vous pleurerez toutes les larmes de votre corps, car ces bouts c'était vous[1]. »

Le film ralentit maintenant, les images passent doucement. On ne connaît la réussite d'un être qu'après sa mort, lorsque tout s'est immobilisé.

Plus de soleil, plus de lumière, plus de rires, la nuit, la paix. La sphère est protectrice désormais, fermée, comme aux premiers jours d'une vie mais élargie, assez grande pour contenir la mémoire, l'amour, le bonheur, la solitude. Tous ont percé les défenses de l'enveloppe, se fixant à elle pour s'en nourrir. Peu à peu, ils l'ont dévorée. A son tour, Romy va devenir mémoire, amour, s'attacher à l'esprit, aux corps d'autres êtres pour vivre, jusqu'au dernier homme qui se souviendra d'elle. Alors, elle mourra vraiment.

Romy ne pleure pas, il n'y a plus de larmes en

1. Loren Eisley.

elle, elle est au fond du temps, au fond de l'espace, bébé, petite fille blonde endormie un bouquet à la main sur les bancs de l'église de Schönau, adolescente au sourire éblouissant, jeune femme amoureuse, mère passionnée, femme triomphante et incertaine, elle est Romy, une existence humaine à son terme, un tableau fixé, une symphonie achevée.

Elle était Romy et nous l'aimons encore.

REMERCIEMENTS

Merci à tous ceux et à toutes celles qui m'ont ouvert leurs souvenirs et leur cœur pour me donner un peu de Romy, afin de la rendre vivante longtemps encore grâce à leur affection.

Les photos illustrant le cahier central proviennent des agences :

Page 1 : Keystone.
Page 2 : *En haut, à gauche :* Keystone ; *en haut, à droite :* Sipa Press ; *en bas :* Sipa Press (Ph. de Keerle).
Page 3 : *En haut :* S.Q.P.A. ; *en bas :* Sipa Press.
Page 4 : *En haut :* Keystone ; *en bas :* Keystone.
Page 5 : *En haut :* Sygma ; *en bas :* Keystone.
Page 6 : *En haut :* Keystone ; *en bas :* Sipa Press (Alexandre).
Page 7 : Sygma (G. Pierre).
Page 8 : *En haut :* Sygma ; *en bas :* Sygma (Schachmes).

TABLE DES MATIÈRES

Cet ouvrage a été réalisé sur
Système Cameron
par la SOCIÉTÉ NOUVELLE FIRMIN-DIDOT
Mesnil-sur-l'Estrée
pour le compte de France Loisirs
le 21 avril 1987

Imprimé en France
Dépôt légal : avril 1987
N° d'édition : 12479 – N° d'impression : 6518

